WALTER BENJAMIN:
AVISO DE INCÊNDIO

WALTER BENJAMIN: AVISO DE INCÊNDIO

Uma leitura das teses "Sobre o conceito de história"

M I C H A E L   L Ö W Y

Tradução
Wanda Nogueira Caldeira Brant

Tradução das teses
Jeanne Marie Gagnebin
Marcos Lutz Müller

Título original: *Walter Benjamin: avertissement d'incendie:*
une lecture des thèses "Sur le concept d'histoire"

Tradução	Wanda Nogueira Caldeira Brant
Tradução das teses	Jeanne Marie Gagnebin Marcos Lutz Müller
Coordenação editorial	Ivana Jinkings Aluizio Leite
Assistentes	Ana Paula Castellani e Carolina Yassui
Revisão	Ricardo Lísias Renata Dias Mundt
Editoração eletrônica *e tratamento de imagens*	Ana Lotufo Raquel Sallaberry Brião
Capa	David Amiel (sobre quadro de M. K. Ciurlionis)
Coordenação de produção	Juliana Brandt
Assistência de produção	Livia Viganó

CIP-BRASIL. CATALOGAÇÃO-NA-FONTE
SINDICATO NACIONAL DOS EDITORES DE LIVROS, RJ.

L956W
Löwy, Michael, 1938-

    Walter Benjamin : aviso de incêndio : uma leitura das teses "Sobre o concei-
to de história" / Michael Löwy ; tradução de Wanda Nogueira Caldeira Brant,
[tradução das teses] Jeanne Marie Gagnebin, Marcos Lutz Müller. – São Paulo :
Boitempo, 2005
    160p. : il.

    Tradução de: Walter Benjamin : avertissement d'incendie : une lecture des
thèses "Sur le concept d'histoire"
    ISBN 978-85-7559-059-1

    1. Benjamin, Walter, 1892-1940. Sobre o conceito de história. 2. Benjamin,
Walter, 1892-1940 - Crítica e interpretação. 3. História - Filosofia. 4. Filosofia
alemã. I. Título.

05-0096.   CDD 193
                                                CDD 1(43)

1ª edição: fevereiro de 2005; 6ª reimpressão: abril de 2025

BOITEMPO
Jinkings Editores Associados Ltda.
Rua Pereira Leite, 373
05442-000 São Paulo SP
Tel.: (11) 3875-7250 / 3875-7285
editor@boitempoeditorial.com.br | boitempoeditorial.com.br
blogdaboitempo.com.br | youtube.com/tvboitempo

À memória de meu irmão, Peter Löwy

Agradecimentos

Eu me beneficiei muito das críticas, sugestões e propostas de meus amigos(as) Étienne Balibar, Guy Petitdemange, Enzo Traverso e Eleni Varikas.

Agradeço-lhes calorosamente.

De acordo com a fórmula consagrada, sou o único responsável pelas imperfeições, erros e vulnerabilidades deste livro.

Michael Löwy

Sumário

Apresentação à edição brasileira

Walter Benjamin, professor de literatura alemã na Universidade de São Paulo? Quase! Numa carta a Benjamin, datada de 23 de setembro de 1935, o eminente historiador da cultura, Erich Auerbach, referia-se à possibilidade de um contrato com a USP. Este documento foi descoberto alguns anos atrás pelo pesquisador Karlheinz Barck, nos arquivos de Benjamin conservados na Academia de Artes da República Democrática Alemã. Escreve Auerbach: "Há pelo menos um ano, soube que estavam procurando um professor para ensinar literatura alemã em São Paulo; logo pensei no senhor e, na época [...], mandei seu endereço (dinamarquês) para as instâncias competentes – mas a coisa não deu em nada...". Que pena! Por culpa de alguma instância incompetente, a USP perdeu a oportunidade de incluir Benjamin no seu corpo docente...

Algum escritor brasileiro deveria inventar um conto com a história imaginária da estadia do ilustre exilado antifascista no Brasil dos anos 1930: sua chegada a Santos em 1934, onde teria sido recebido por alguns colegas da USP de sensibilidade progressista; suas primeiras impressões sobre o país e sobre São Paulo, a Universidade, os estudantes; seu difícil aprendizado da língua portuguesa; sua tentativa de ler Machado de Assis na língua original, com o intuito de uma interpretação materialista; sua prisão pelo Dops em 1935, denunciado como agente do comunismo internacional; seu interrogatório policial, na presença de um representante da Embaixada Alemã; seu encarceramento em um navio-prisão, onde encontra e se torna amigo de Graciliano Ramos; as notas que toma num caderno, tendo em vista um ensaio comparando Graciliano com Brecht; e sua angústia, enquanto espera que o libertem ou que o deportem para a Alemanha...

Neste livro, não só usamos com frequência exemplos latino-americanos – alguns brasileiros – para ilustrar os argumentos de Walter Benjamin, como toda a leitura das teses "Sobre o conceito de história" que propomos é inspirada, até certo ponto, em uma perspectiva "latino-americana" ou "indígena".

Benjamin conhecia pouco o Brasil ou a América Latina em geral. Mas, entre seus escritos, encontra-se um pequeno ensaio, a resenha de uma biografia francesa de Bartolomé de Las Casas, um documento de grande interesse que parece ter escapado à atenção dos críticos e especialistas de sua obra. Trata-se de uma crítica, publicada em 1929, ao livro de Marcel Brion, *Bartholomé de Las Casas, "Père des Indiens"* (Paris, Plon, 1927).

A conquista ibérica, esse primeiro capítulo da história colonial europeia, "transformou o mundo recém-conquistado em uma câmara de torturas", escreve Benjamin. As ações da "soldadesca hispânica" criaram uma nova configuração espiritual (*Geistesverfassung*) que "não podemos representar sem horror (*Grauen*)". Como toda colonização, a do novo continente tinha suas razões econômicas – os imensos tesouros de prata e ouro das Américas – mas os teólogos oficiais trataram de justificá-la com argumentos jurídico-religiosos: "A América é um bem sem proprietários; a submissão é uma condição da missão; intervir contra os sacrifícios humanos dos mexicanos é um dever cristão". Bartolomé de Las Casas, "um combatente heroico na mais exposta das posições", lutou pela causa dos povos indígenas, confrontando-se, na célebre polêmica de Valladolid (1550), com o cronista e cortesão Sepúlveda, "o teórico da razão de Estado", obtendo finalmente do rei da Espanha a abolição da escravidão e da *encomienda* – medidas que foram instauradas, mas nunca efetivamente aplicadas nas Américas.

Observamos aqui, adverte Benjamin, uma dialética histórica no campo da moral: "em nome do catolicismo, um padre se opõe às atrocidades (*Greuel*) que se cometeram em nome do catolicismo" – da mesma forma que um outro padre, Sahagun, salvou em sua obra a herança indígena destruída sob o protetorado do catolicismo[1].

Embora se trate somente de uma pequena resenha, o texto de Benjamin é uma interessante aplicação de seu método – interpretar a história do ponto de vista dos

---

[1] W. Benjamin, *Gesammelte Schriften* (Frankfurt, Suhrkamp, 1980) v. III, p. 180-1.

vencidos, utilizando o materialismo histórico – ao passado da América Latina. É surpreendente também a observação sobre a dialética cultural do catolicismo, quase como uma intuição da futura teologia da libertação...

* * *

Ouvi falar de Walter Benjamin, pela primeira vez, graças a meu amigo Roberto Schwarz. Mas só muitos anos mais tarde comecei a estudar seriamente seus escritos. Aprendi muito com amigos brasileiros interessados pelo autor de *Das Passagen-Werk* [Livro das Passagens]: Leandro Konder, Jeanne-Marie Gagnebin, Olgária Matos.

Benjamin não conseguiu vir ao Brasil em 1934. Mas, setenta anos mais tarde, sua obra suscita um interesse crescente neste país, e não só entre universitários, mas também entre muitos dos que observam com horror a mentalidade (*Geistesverfassung*) do mundo neocolonial em que vivemos.

Michael Löwy

Walter Benjamin, c. 1930.

Introdução

ROMANTISMO, MESSIANISMO E MARXISMO
NA FILOSOFIA DA HISTÓRIA DE WALTER BENJAMIN

Walter Benjamin não é um autor como os outros: sua obra fragmentada, inacabada, às vezes hermética, frequentemente anacrônica e, no entanto, sempre atual, ocupa um lugar singular, realmente único, no panorama intelectual e político do século XX.

Era ele, antes de tudo, um crítico literário, um "homem de letras" e não um filósofo, como pretendia Hannah Arendt[1]? Na verdade, como Gershom Scholem, acredito que ele era um filósofo, mesmo quando escrevia sobre arte ou literatura[2]. O ponto de vista de Adorno é semelhante ao de Scholem, como explica em uma carta (inédita) a Hannah Arendt: "A meu ver, o que define o significado de Benjamin para minha própria existência intelectual é evidente: a essência de seu pensamento enquanto pensamento filosófico. Jamais pude encarar sua obra a partir de outra perspectiva (...). Certamente estou consciente da distância entre seus escritos e toda a concepção tradicional da filosofia..."[3]

---

[1] H. W. ARENDT, "Walter Benjamin" em *Vies politiques* (Paris, Gallimard, 1974), p. 248.

[2] G. SCHOLEM, *Walter Benjamin und sein Engel* (Frankfurt, Suhrkamp, 1983), p. 14-5: "Benjamin era um filósofo. Ele o foi durante todas as etapas e em todas as esferas de sua atividade. Aparentemente, escreveu sobretudo a respeito de temas de literatura e de arte, às vezes também sobre assuntos que se acham na fronteira entre a literatura e a política, mas muito pouco sobre questões convencionalmente consideradas e aceitas como temas de filosofia pura. No entanto, em todas essas áreas sua intuição vem da experiência como filósofo".

[3] Carta citada por G. SMITH, "Thinking through Benjamin: an introductory essay", em G. SMITH (org.), *Philosophy, Aesthetics, History* (Chicago, The University of Chicago Press, 1989), p. viii-ix. A data da carta não foi mencionada mas, de acordo com o contexto, deve ser de 1967.

A recepção de Benjamin, principalmente na França, estava voltada prioritaria-
mente para a vertente estética de sua obra, com uma certa tendência a considerá-lo
sobretudo um historiador da cultura[4]. Ora, sem negligenciar esse aspecto de sua
obra, é preciso reconhecer o alcance muito mais amplo de seu pensamento, que
visa nada menos do que uma nova compreensão da história humana. Os escritos
sobre arte e literatura podem ser compreendidos somente em relação a essa visão
de conjunto que os ilumina a partir de dentro. Sua reflexão constitui um todo
no qual arte, história, cultura, política, literatura e teologia são inseparáveis.

Estamos habituados a classificar as diferentes filosofias da história conforme
seu caráter progressista ou conservador, revolucionário ou nostálgico do passado.
Walter Benjamin escapa a essas classificações. Ele é um crítico revolucionário da
filosofia do progresso, um adversário marxista do "progressismo", um nostálgico
do passado que sonha com o futuro, um romântico partidário do materialismo.
Ele é, em todas as acepções da palavra, "inclassificável". Adorno o definia, com
razão, como um pensador "distanciado de todas as correntes"[5]. Sua obra se
apresenta, realmente, como uma espécie de bloco errático à margem das grandes
tendências da filosofia contemporânea.

Portanto, não adianta tentar recrutá-lo para um dos dois grandes campos
que disputam, atualmente, a hegemonia no palco (ou seria conveniente dizer
no mercado?) das ideias: o modernismo e o pós-modernismo.

Jürgen Habermas parece hesitar: depois de ter denunciado em seu artigo de
1966 o antievolucionismo de Benjamin como contraditório com o materialismo
histórico, afirma em seu *Discurso filosófico da modernidade* que a polêmica de
Benjamin contra "o nivelamento social-evolucionista do materialismo histórico" é dirigida contra "a degeneração da consciência moderna do tempo" e visa,
assim, "reavivar" essa consciência. Mas ele não chega a integrar em seu "discurso

---

[4] Entre as exceções encontram-se: D. BENSAÏD, *Walter Benjamin: sentinelle messianique à
la gauche du possible* (Paris, Plon, 1990); S. MOSÈS, *L'ange de l'histoire: Rosenzweig, Benjamin, Scholem* (Paris, Seuil, 1992); J. M. GAGNEBIN, *Histoire et narration chez Walter
Benjamin* (Paris, L'Harmattan, 1994) [ed. bras.: *História e narração em Walter Benjamin*,
São Paulo, Perspectiva, 2004]; A. MÜNSTER, *Progrès et catastrophe, Walter Benjamin et
l'histoire* (Paris, Kimé, 1996).

[5] Em um artigo publicado no *Le Monde* de 31 de maio de 1969.

filosófico da modernidade" os principais conceitos benjaminianos – como o "tempo-de-agora" [*Jetztzeit*], esse autêntico instante que interrompe o contínuo da história, que lhe parece visivelmente inspirado em um "amálgama" entre experiências surrealistas e temas da mística judaica[6].

Uma tarefa igualmente impossível seria transformar Benjamin em autor pós-moderno *avant la lettre*. Sua deslegitimação do Grande Relato da modernidade ocidental, sua desconstrução do discurso do progresso, sua defesa apaixonada da descontinuidade histórica situam-se a uma distância incomensurável do olhar desenvolto dos pós-modernos sobre a sociedade atual, apresentada como um mundo em que os grandes relatos finalmente acabaram e foram substituídos por "jogos de linguagem" "flexíveis" e "agonísticos"[7].

A concepção da história de Benjamin não é pós-moderna, antes de tudo porque, longe de estar "muito além de todos os relatos" – supondo-se que isto seja possível – ela constitui uma forma heterodoxa do relato da emancipação: inspirando-se em fontes messiânicas e marxistas, ela utiliza a nostalgia do passado como método revolucionário de crítica do presente[8]. Seu pensamento não é, então, nem "moderno" (no sentido habermasiano) nem "pós-moderno" (no sentido de Lyotard), mas consiste sobretudo em uma *crítica moderna à modernidade* (capitalista/industrial), inspirada em referências culturais e históricas pré-capitalistas.

Entre as tentativas de interpretação de sua obra, há uma que me parece particularmente discutível: a que crê poder situá-la no mesmo campo filosófico que Martin Heidegger. Hannah Arendt, em seu emocionante ensaio dos anos

---

[6] J. HABERMAS, "L'actualité de W. Benjamin", *Revue d'esthétique*, 1, p. 112, e *Le discours philosophique de la modernité* (Paris, Gallimard, 1988), p. 12-8 [ed. bras.: *Discurso filosófico da modernidade*, São Paulo, Martins Fontes, 2002].

[7] J.-F. LYOTARD, *La condition postmoderne* (Paris, Galilée, 1979), p. 23-34 [ed. bras.: *A condição pós-moderna*, Rio de Janeiro, José Olympio, 2002].

[8] Um universitário pós-moderno que se interessa por Walter Benjamin reconhece que sua ideia de uma perda ou de algo inacabado no passado, que deve ser reparado no futuro, "impede qualquer concepção do presente como agonístico" e é, então, contraditória com a conduta pós-moderna. Cf. A. BENJAMIN, "Tradition and Experience: Walter Benjamin's 'On Some Motifs in Baudelaire'" em A. BENJAMIN (org.), *The Problems of Modernity: Adorno and Benjamin* (Londres, Routledge,1989), p. 137-9.

1960, infelizmente contribuiu para essa confusão, afirmando, contra todas as evidências, que "na realidade, sem saber, Benjamin tinha muito mais em comum [com Heidegger] do que com as sutilezas dialéticas de seus amigos marxistas"[9]. Ora, Benjamin não deixou dúvidas sobre os sentimentos de hostilidade ao autor de *Ser e tempo*[*], muito antes que ele manifestasse sua adesão ao III Reich. Em uma carta a Scholem, em 20 de janeiro de 1930, trata do "embate de nossas duas maneiras, muito diferentes, de encarar a história" e, pouco depois, em 25 de abril, fala a seu amigo de um projeto de leitura crítica, com Brecht, visando "demolir Heidegger". Em *Das Passagen-Werk* [Livro das passagens], ele menciona um dos principais pontos de sua crítica: "É em vão que Heidegger tenta salvar a história para a fenomenologia, de forma abstrata, graças à 'historicidade' (*Geschichtlichkeit*)". Quando, em 1938, a *Internationale Literatur*, uma publicação stalinista editada em Moscou, apresenta-o, em reação a uma passagem do seu artigo sobre as *Afinidades eletivas*[**] de Goethe (1922), como "partidário de Heidegger", ele não consegue deixar de comentar, em uma carta a Gretel Adorno (20 de julho de 1938): "Grande é a miséria dessa literatura."[10]

Certamente é possível comparar as concepções do tempo histórico nos dois autores, para delimitar as proximidades: o tema da escatologia, a concepção heideggeriana da "temporalidade autêntica", a abertura do passado. Se considerarmos, como Lucien Goldmann, que *História e consciência de classe*[***], de Lukács, foi uma das fontes ocultas de *Ser e tempo*[11], poderíamos supor que Benjamin e Heidegger inspiraram-se na mesma obra. No entanto, em uma série de questões

---

[9] H. ARENDT, "Walter Benjamin", op. cit., p. 300.

[*] M. HEIDEGGER, *Sein und Zeit* (1927) (Tübingen, Max Niemeyer, 2001) [ed. bras.: *Ser e tempo*, Rio de Janeiro, Vozes, 2001]. Todas as notas assinaladas com * são notas da tradução.

[**] J. W. GOETHE, *Die Wahlverwandtschaften* (Zurique, Diogenes, 1996) [ed. bras.: *Afinidades eletivas*, São Paulo, Nova Alexandria, 2003].

[10] W. BENJAMIN, *Correspondance* (trad. Guy Petitdemange, Paris, Aubier-Montaigne, 1979), I, p. 28, 35 e II, p. 258 [ed. bras.: *Correspondência*, São Paulo, Perspectiva, 1993] e *GS* V, 1, p. 577.

[***] G. LUCKÁCS, *Geschichte und Klassenbewußtsein* (1923) (Berlim, Luchterhand, 1968) [ed. bras.: *História e consciência de classe*, São Paulo, Martins Fontes, 2003].

[11] L. GOLDMANN, *Lukács et Heidegger* (Paris, Denoël/Gonthier, 1973).

comuns, os dois pensadores divergem radicalmente. Parece-me evidente que Benjamin não foi "partidário" de Heidegger, não só porque ele o nega categoricamente, mas pela boa razão de que sua concepção crítica da temporalidade já estava, no essencial, definida no curso dos anos 1915-1925, ou seja, muito antes da publicação de *Ser e tempo* (1927).

As teses "Sobre o conceito de história" (1940) de Walter Benjamin constituem um dos textos filosóficos e políticos mais importantes do século XX. No pensamento revolucionário talvez seja o documento mais significativo desde as "Teses sobre Feuerbach"* de Marx. Texto enigmático, alusivo, até mesmo sibilino, seu hermetismo é constelado de imagens, de alegorias, de iluminações, semeado de estranhos paradoxos, atravessado por fulgurantes intuições.

Para conseguir interpretar esse documento, parece-me indispensável situá-lo na continuidade da obra benjaminiana. Tentemos delimitar, no movimento de seu pensamento, os momentos que preparam ou anunciam o texto de 1940.

A filosofia da história de Benjamin se apoia em três fontes muito diferentes: o Romantismo alemão, o messianismo judaico, o marxismo. Não se trata de uma combinação ou "síntese" eclética dessas três perspectivas (aparentemente) incompatíveis, mas da invenção, a partir destas, de uma nova concepção, profundamente original. Não podemos explicar seu itinerário por uma ou outra "influência": as distintas correntes de pensamento, os diversos autores que cita, os escritos de seus amigos são materiais com que ele constrói um edifício próprio, elementos com os quais vai realizar uma operação de fusão alquímica, para fabricar com eles o ouro dos filósofos.

A expressão "filosofia da história" corre o risco de nos induzir ao erro. Não há, em Benjamin, um sistema filosófico: toda a sua reflexão toma a forma do ensaio ou do fragmento – quando não da citação pura e simples, em que as passagens tiradas de seu contexto são colocadas a serviço de seu próprio itinerário. Toda tentativa de sistematização desse "pensamento poético" (Hannah Arendt) é,

---

* K. MARX e F. ENGELS, "Thesen über Feuerbach" em *Marx-Engels-Jahrbuch 2003. Die deutsche Ideologie* (Berlim, Akademie-Verlag, 2004) [ed. bras.: *A ideologia alemã*, São Paulo, Boitempo, 2007, trad. Rubens Enderle, Nélio Schneider e Luciano Cavini Martorano].

portanto, problemática e incerta. As breves observações que se seguem propõem apenas algumas pistas de investigação.

Encontramos frequentemente na literatura sobre Benjamin dois erros simétricos, que seria necessário, penso eu, evitar a qualquer custo: o primeiro consiste em dissociar, por uma operação (no sentido clínico do termo) de "ruptura epistemológica", a obra de juventude "idealista" e teológica daquela "materialista" e revolucionária, da maturidade; o segundo, em compensação, encara sua obra como um todo homogêneo e de forma alguma leva em consideração a profunda transformação produzida, por volta da metade dos anos 1920, devido à descoberta do marxismo. Para compreender o movimento de seu pensamento seria preciso, então, considerar simultaneamente a continuidade de alguns temas essenciais e as diversas guinadas e rupturas que delimitam sua trajetória intelectual e política[12].

Tomemos como ponto de partida o momento romântico, que se encontra no centro das preocupações do jovem Benjamin. Para apreendê-lo em toda a sua dimensão, é preciso lembrar que o Romantismo não é somente uma escola literária e artística do começo do século XIX: trata-se de uma verdadeira visão de mundo, de um estilo de pensamento, de uma estrutura de sensibilidade que se manifesta em todas as esferas da vida cultural, desde Rousseau e Novalis até os surrealistas (além de outros posteriores). Poderíamos definir a *Weltanschauung* [visão de mundo] romântica como uma crítica cultural à civilização moderna (capitalista) em nome de valores pré-modernos (pré-capitalistas) – uma crítica ou um protesto relativos aos aspectos sentidos como insuportáveis e degradantes: a quantificação e a mecanização da vida, a reificação das relações sociais, a dissolução da comunidade e o desencantamento do mundo. Seu olhar nostálgico do passado não significa que ela seja necessariamente retrógrada: reação e revolução são aspectos possíveis da visão romântica do mundo. Para o Romantismo

---

[12] Stéphane Mosès tem razão em insistir sobre a excepcional continuidade no itinerário intelectual de Benjamin: mais que de evolução, escreve ele, seria preciso falar de estratificação. Mas ele reconhece a importância da guinada marxista, a partir da qual se manifesta uma nova desconfiança em relação ao caráter abstrato, irresponsável, de uma visão puramente estética da história (S. Mosès, *L'ange de l'histoire*, cit., p. 145-6).

revolucionário, o objetivo não é uma *volta* ao passado, mas um *desvio* por este, rumo a um futuro utópico[13].

Na Alemanha do fim do século XIX, o Romantismo (às vezes designado como "Neorromantismo") era uma das formas culturais dominantes, tanto na literatura como nas ciências humanas; expressava-se por múltiplas tentativas de *reencantamento do mundo* – em que a "volta do religioso" ocupa um lugar importante. A relação de Benjamin com o Romantismo não se traduz então unicamente por seu interesse pelo *Frühromantik* [primeira fase do Romantismo] (principalmente por Schlegel e Novalis) ou por figuras românticas tardias, como E. T. A. Hoffmann, Franz von Baader, Franz-Joseph Molitor e Johann Jakob Bachofen, ou ainda por Baudelaire e pelos surrealistas, mas pelo conjunto de suas ideias estéticas, teológicas e historiográficas. Aliás, essas três esferas encontram-se tão estreitamente ligadas em Benjamin, que é difícil dissociá-las sem quebrar o que constitui a singularidade de seu pensamento.

Um dos primeiros artigos de Benjamin (publicado em 1913) intitula-se precisamente *Romantik* [Romantismo]: convoca ao nascimento de um novo Romantismo, proclamando que a "vontade romântica de beleza, a vontade romântica de verdade, a vontade romântica de ação" são conquistas "insuperáveis" da cultura moderna. Esse texto, por assim dizer inaugural, confirma o vínculo profundo de Benjamin com a tradição romântica – concebida como arte, conhecimento e práxis – e, ao mesmo tempo, um desejo de renovação[14].

Um outro relato da mesma época – *Dialog über die Religiosität der Gegenwart* [Diálogo sobre a religiosidade do presente] – é também revelador do fascínio do jovem Benjamin por essa cultura: "Nós tivemos o Romantismo e lhe devemos a grande percepção do lado noturno do natural... Mas vivemos como se o Romantismo jamais tivesse existido." O texto evoca também a aspiração neorromântica a uma nova religião e a um novo socialismo, cujos profetas se chamam Tolstoi, Nietzsche, Strindberg. Essa "religião social"

---

[13] Para uma discussão mais detalhada do conceito de Romantismo, remeto à minha obra – em colaboração com R. SAYRE – *Révolte et mélancolie: le romantisme à contre-courant de la modernité* (Paris, Payot, 1992).

[14] W. BENJAMIN, "Romantik", 1913, em *Gesammelte Schriften* (Frankfurt, Suhrkamp, 1977), II, 1, p. 46. A partir de agora essa obra será citada como *GS*.

iria se opor às concepções atuais do social que o reduzem a "uma questão de *Zivilisation* como a iluminação elétrica". O diálogo retoma, aqui, vários momentos da crítica romântica à modernidade: a transformação dos seres humanos em "máquinas de trabalho", a degradação do trabalho a uma simples técnica, a submissão desesperadora das pessoas ao mecanismo social, a substituição dos "esforços heroico-revolucionários" do passado pela piedosa marcha (semelhante à do caranguejo) da evolução e do progresso[15].

Essa última observação já nos mostra a inflexão que Benjamin dá à tradição romântica: o ataque à ideologia do progresso não é feito em nome do conservadorismo passadista, mas da revolução. Esse ar subversivo encontra-se em sua conferência sobre *A vida dos estudantes* (1915), um documento fundamental, que parece reunir num único raio de luz todas as ideias que vão povoá-lo ao longo de sua vida. Segundo Benjamin, as verdadeiras questões que se impõem para a sociedade não são "problemas técnicos limitados de caráter científico, mas questões metafísicas de Platão e de Espinosa, dos românticos e de Nietzsche". Entre essas questões "metafísicas", a temporalidade histórica é essencial. As observações que abrem o ensaio contêm uma amostra extraordinária de sua filosofia messiânica da história:

> Há uma concepção da história que, confiando na infinitude do tempo, distingue apenas o ritmo dos homens e das épocas que rápida ou lentamente avançam pela via do progresso. A isso corresponde a ausência de nexo, a falta de precisão e de rigor na exigência que ela faz ao presente. A consideração que se segue visa, porém, um estado determinado, no qual a História repousa concentrada em um foco, tal como desde sempre nas imagens utópicas dos pensadores. Os elementos do estado final não afloram à superfície enquanto tendência amorfa do progresso, mas se encontram profundamente engastados em todo presente como as criações e os pensamentos mais ameaçados, difamados e desprezados. [...] Esse estado [...] só pode ser apreendido em sua estrutura metafísica, como o reino messiânico ou como a ideia da Revolução Francesa.[16]

---

[15] W. BENJAMIN, "Dialog über die Religiosität der Gegenwart", 1913, *GS* II, 1, p. 16-34.

[16] W. BENJAMIN, "La vie des étudiants", 1915, em *Mythe et violence* (Paris, Denoël, col. Lettres nouvelles, 1971), p. 37 [ed. bras.: "A vida dos estudantes", 1915, em *Refle-*

As imagens utópicas – messiânicas ou revolucionárias – contra a "tendência amorfa do progresso": aí estão, colocados de forma resumida, os termos do debate que Benjamin vai prosseguir ao longo de toda sua vida. O *messianismo* está, segundo Benjamin, no cerne da concepção romântica do tempo e da história. Na introdução de sua tese de doutorado, *Conceito de crítica de arte no Romantismo alemão** (1919), ele insiste na ideia de que a essência histórica do Romantismo "deve ser buscada no messianismo romântico". Ele descobre essa dimensão sobretudo nos escritos de Schlegel e de Novalis e cita, entre outras, esta passagem surpreendente do jovem Friedrich Schlegel: "O desejo revolucionário de realizar o Reino de Deus é... o começo da história moderna." Aqui se encontra a questão "metafísica" da temporalidade histórica: Benjamin opõe a concepção qualitativa do tempo infinito (*qualitative zeitliche Unendlichkeit*), "que decorre do messianismo romântico" e de acordo com a qual a vida da humanidade é um processo de *realização* e não simplesmente de devir, ao tempo infinitamente *vazio* (*leere Unendlichkeit der Zeit*), característico da ideologia moderna do progresso. Não há como não constatar o evidente parentesco entre essa passagem, que parece ter escapado à atenção dos comentadores, e as teses de 1940 "Sobre o conceito de história"[17].

Qual é a relação entre as duas "imagens utópicas", o reino messiânico e a revolução? Sem responder diretamente a essa questão, Benjamin a aborda em um texto – inédito enquanto estava vivo – que data provavelmente dos anos 1921-1922: o *Theologisch-politisches Fragment* [Fragmento teológico-político]. Em um primeiro momento ele parece distinguir radicalmente a esfera do devir histórico daquela do Messias: "Nenhuma realidade histórica pode por si mesma se referir ao messianismo." Mas imediatamente depois, constrói, nesse abismo aparentemente intransponível, uma ponte dialética, uma passarela frágil, que parece diretamente inspirada em alguns parágrafos de *Der Stern der Erlösung*

xões sobre a criança, o brinquedo e a educação [São Paulo, Duas Cidades / Ed. 34, col. Espírito Crítico, 2002, trad. Marcus Vinicius Mazzari].

* *Der Begriff der Kunstkritik in der deutschen Romantik*, 1919 (Frankfurt, Suhrkamp, 1973) [ed. bras.: *Conceito de crítica de arte no Romantismo alemão*, São Paulo, Iluminuras, 2002, trad. Marcio Seligmann-Silva].

17 W. Benjamin, *Der Begriff der Kunstkritik in der deutschen Romantik*, cit., p. 65-6, 70, 72.

[A estrela da redenção] (1921), de Franz Rosenzweig, um livro pelo qual Benjamin manifestava a mais viva admiração. A dinâmica do profano, que ele define como "a busca da felicidade da humanidade livre" – para comparar com as "grandes obras de libertação" de Rosenzweig – pode "favorecer o surgimento do Reino messiânico". Embora a formulação de Benjamin seja menos explícita que a de Rosenzweig, para quem os atos de emancipação são "a condição necessária para o surgimento do Reino de Deus", trata-se da mesma conduta, visando estabelecer uma mediação entre as lutas libertadoras, históricas, "profanas" dos homens e a realização da promessa messiânica[18].

Como essa fermentação messiânica, utópica e romântica vai se articular com o materialismo histórico? É a partir de 1924, quando Benjamin lê *História e consciência de classe* de Lukács e descobre o comunismo através dos olhos de Asja Lacis, que aos poucos o marxismo vai se tornar um elemento-chave de sua concepção da história. Em 1929, Benjamin ainda se refere ao ensaio de Lukács como um dos raros livros que permanecem vivos e atuais: "A obra mais acabada da literatura marxista. Sua singularidade está baseada na segurança com a qual ele captou, por um lado, a situação crítica da luta de classes na situação crítica da filosofia e, por outro, a revolução, a partir de então concretamente madura, como a precondição absoluta, e até mesmo a realização e a conclusão do conhecimento teórico"[19].

Esse texto mostra o aspecto do marxismo que mais interessa a Benjamin e que vai permitir que ele esclareça, por uma nova ótica, sua visão do processo histórico: *a luta de classes*. Mas o materialismo histórico não vai substituir suas intuições "antiprogressistas", de inspiração romântica e messiânica: vai se articular com elas, assumindo assim uma qualidade crítica que o distingue radicalmente do marxismo "oficial" dominante na época. Por sua posição crítica em relação à ideologia do progresso, Benjamin ocupa de fato uma posição singular e única no pensamento marxista e na esquerda europeia entre as duas guerras[20].

---

[18] W. BENJAMIN, "Fragment théologico-politique" em *Poésie et révolution* (Paris, Denoël/Lettres nouvelles, 1971), p. 150. Cf. F. ROSENZWEIG, *L'Étoile de la Rédemption* (Paris, Seuil, 1982), p. 339.

[19] W. BENJAMIN, *GS*, III, p. 171.

[20] Cf. o belo livro de A. MÜNSTER, *Progrès et catastrophe, Walter Benjamin et l'histoire: réflexions sur l'itinéraire philosophique d'un marxisme "mélancolique"* (Paris, Éditions

Essa articulação aparece pela primeira vez no livro *Rua de mão única* *, escrito entre 1923 e 1926, no qual que se encontra, com o título "Alarme de incêndio", essa premonição histórica das ameaças do progresso: se a derrubada da burguesia pelo proletariado "não for realizada antes de um momento quase calculável da evolução técnica e científica (indicado pela inflação e pela guerra química), tudo está perdido. É preciso cortar o estopim que queima antes que a faísca atinja a dinamite"[21].

Ao contrário do marxismo evolucionista vulgar – que pode se referir evidentemente a alguns escritos dos próprios Marx e Engels – Benjamin não concebe a revolução como o resultado "natural" ou "inevitável" do progresso econômico e técnico (ou da "contradição entre forças e relações de produção"), mas como a interrupção de uma evolução histórica que leva à catástrofe. É por perceber esse perigo catastrófico que ele evoca (no artigo sobre o Surrealismo em 1929) o pessimismo – um pessimismo revolucionário que não tem nada a ver com a resignação fatalista e, menos ainda, com o *Kulturpessimismus* alemão, conservador, reacionário e pré-fascista de Carl Schmitt, Oswald Spengler ou Moeller van der Bruck; o pessimismo está aqui a serviço da emancipação das classes oprimidas. Sua preocupação não é com o "declínio" das elites ou da nação, mas sim com as ameaças que o progresso técnico e econômico promovido pelo capitalismo faz pesar sobre a humanidade.

Nada parece mais derrisório aos olhos de Benjamin do que o *otimismo* dos partidos burgueses e da social-democracia, cujo programa político é

Kimé, 1996), p. 64. Depois da morte de Benjamin, essa postura será retomada de acordo com seu ponto de vista – com nuances e reservas – pela Teoria Crítica da Escola de Frankfurt.

* *Einbahnstrasse*, 1928 (Berlim, Rowohlt, 1928) [ed. bras.: "Rua de mão única" em *Obras escolhidas*, 5. ed., São Paulo, Brasiliense, 1997, v. 2, trad. Rubens R. Torres Filho].

[21] W. BENJAMIN, *Sens unique* (Paris, Lettres nouvelles/Maurice Nadeau, 1978), p. 205-6. Há uma afinidade impressionante entre esse texto e as ideias de uma revolucionária marxista que, sem dúvida, Benjamin conhecia, mesmo que não a tenha citado: Rosa Luxemburgo. Em seu livro *Die Krise der Sozialdemokratie* [A crise da social-democracia], ela formulou a famosa palavra de ordem "socialismo ou barbárie", em oposição às ilusões de progresso linear e futuro garantido da esquerda europeia.

apenas um "poema de primavera de má qualidade". Contra esse "otimismo sem consciência", esse "otimismo de diletantes", inspirado na ideologia do progresso linear, ele descobre no pessimismo o ponto de convergência efetivo entre Surrealismo e comunismo[22]. É evidente que não se trata de um sentimento contemplativo, mas de um pessimismo ativo, "organizado", prático, voltado inteiramente para o objetivo de impedir, por todos os meios possíveis, o advento do pior.

Perguntamo-nos a que se refere o conceito de pessimismo aplicado aos comunistas: sua doutrina em 1929, celebrando os triunfos da construção do socialismo na URSS e a queda iminente do capitalismo, não é precisamente um belo exemplo de ilusão otimista? De fato, Benjamin extraiu o conceito de "organização do pessimismo" de uma obra que qualifica de "excelente", *La Révolution et les intellectuels* [*A revolução e os intelectuais*] (1928) do comunista dissidente Pierre Naville. Membro do grupo surrealista, fora um dos redatores da revista *La Révolution Surréaliste* e, naquele momento, tinha feito a opção pelo engajamento político no Partido Comunista francês, que queria compartilhar com seus amigos. Ora, para Pierre Naville, o pessimismo, que constitui "a fonte do método revolucionário de Marx", é o único meio de "escapar das nulidades e das decepções de uma época de compromisso". Discordando do "otimismo grosseiro" de um Herbert Spencer – que ele gratifica com o amável qualificativo de "cérebro monstruosamente estreito" – ou de um Anatole France, de quem ele detesta as "piadas infames", conclui: "é preciso organizar o pessimismo", "a organização do pessimismo é a única palavra de ordem que nos impede de perecer."[23]

É inútil precisar que essa apologia apaixonada do pessimismo era muito pouco representativa da cultura política do comunismo francês naquela época. De fato, Pierre Naville logo (1928) seria expulso do Partido: a lógica de seu

---

[22] W. Benjamin, "Le surréalisme. Le dernier instantané de l'intelligence européene" em *Mythe et violence* (1929), p. 312 [ed. bras.: "O surrealismo. O mais recente instantâneo da inteligência europeia" em "Os Pensadores", v. XLVIII, São Paulo, Abril Cultural, 1975, trad. do original alemão *Der Surrealismus* em *Über Literatur* (Frankfurt, Surkamp, 1969), p. 87-103, por Erwin Theodor Rosental].

[23] P. Naville, *La révolution et les intellectuels* (Paris, Gallimard, 1965), p. 76-7, 110-7.

antiotimismo o levaria às fileiras da oposição comunista de esquerda trotskista, de que se tornaria um dos principais dirigentes.

Na obra benjaminiana, a filosofia pessimista da história se manifesta de forma particularmente aguda em sua visão do futuro europeu:

> Pessimismo em todos os planos. Sim, certamente e totalmente. Desconfiança quanto ao destino da literatura, desconfiança quanto ao destino da liberdade, desconfiança quanto ao destino do homem europeu, mas sobretudo tripla desconfiança diante de toda acomodação: entre as classes, entre os povos, entre os indivíduos. E confiança ilimitada somente na I. G. Farben e no aperfeiçoamento pacífico da Luftwaffe.[24]

Essa visão crítica permite que Benjamin perceba – intuitivamente mas com estranha acuidade – as catástrofes que ameaçavam a Europa, perfeitamente resumida na irônica frase sobre a "confiança ilimitada". Claro que, mesmo ele, o mais pessimista de todos, não poderia prever as destruições que a Luftwaffe iria infligir às cidades e às populações civis europeias; que, apenas uma dezena de anos depois, a I. G. Farben iria ficar famosa pela fabricação do gás Zyklon B, utilizado para "racionalizar" o genocídio; e que suas fábricas iriam empregar, em dezenas de milhares, a mão de obra dos campos de concentração. No entanto, Benjamin foi o único, entre os pensadores e dirigentes marxistas daqueles anos, que teve a premonição dos monstruosos desastres que a civilização industrial/ burguesa em crise poderia estar gerando[25].

Esse pessimismo se manifesta em Benjamin, assim como em Blanqui ou em Péguy, por um tipo de "melancolia revolucionária", que traduz o sentimento da reiteração do desastre, o medo de uma eterna volta das derrotas[26]. Como se concilia esse pessimismo com seu engajamento na causa dos oprimidos? A opção "proletária" de Benjamin não é de forma nenhuma inspirada por algum

[24] W. BENJAMIN, "Le surréalisme", cit., p. 312.

[25] Sobre a previsão da Shoah por Benjamin, ver o livro fundamental de E. TRAVERSO, *L'histoire déchirée: Auschwitz et les intellectuels* (Paris, Cerf, 1998).

[26] Sobre isso, D. BENSAÏD escreveu belas páginas em *Le pari mélancolique* (Paris, Fayard, 1997), p. 244-58. Encontramos uma análise de grande perspicácia sobre o "marxismo melancólico" de Benjamin no livro do filósofo brasileiro L. KONDER, *Walter Benjamin, o marxismo da melancolia* (Rio de Janeiro, Campus, 1989).

tipo de otimismo sobre o comportamento das "massas" ou por uma confiança no futuro brilhante do socialismo. Trata-se essencialmente de uma *aposta* – no sentido de Pascal – na possibilidade de uma luta emancipadora.

O artigo de 1929 confirma o interesse de Benjamin pelo Surrealismo, que ele compreende como manifestação moderna do Romantismo revolucionário. Talvez fosse possível definir o procedimento comum a Benjamin e a André Breton como uma espécie de "marxismo gótico" diferente da versão dominante, de tendência materialista metafísica e contaminada pela ideologia evolucionista do progresso[27]. O adjetivo "gótico" deve ser compreendido em sua acepção romântica: o fascínio pelo encantamento e pelo maravilhoso, bem como pelos aspectos "enfeitiçados" das sociedades e das culturas pré-modernas. O romance *noir* inglês do século XVIII e alguns românticos alemães do século XIX são referências "góticas" que encontramos no coração da obra de Breton e de Benjamin.

O marxismo gótico comum aos dois seria então um materialismo histórico sensível à dimensão mágica das culturas do passado, ao momento "negro" da revolta, à iluminação que rasga, como um relâmpago, o céu da ação revolucionária. "Gótico" deve ser tomado – também – no sentido literal de referência positiva a alguns momentos fundamentais da cultura profana medieval: não por acaso tanto Breton quanto Benjamin admiram o amor cortês da Idade Média provençal, que constitui aos olhos do segundo uma das mais puras manifestações de iluminação profana[28].

Durante um breve período "experimental", entre 1933 e 1935, a época do Segundo Plano quinquenal, alguns textos marxistas de Benjamin parecem próximos do "produtivismo" soviético e de uma adesão pouco crítica às promessas do progresso tecnológico[29]. No entanto, mesmo durante esses anos, ele não

---

[27] M. COHEN, *Profane Illumination: Walter Benjamin and the Paris of Surrealist Revolution* (Berkeley, University of California Press, 1993), p. 1-2.

[28] Remeto a meu ensaio "Walter Benjamin et le surréalisme: histoire d'un enchantement révolutionnaire" em *L'Étoile du matin: surréalisme et marxisme* (Paris, Syllepse, 2000) [ed. bras.: *Estrela da manhã: surrealismo e marxismo*, Rio de Janeiro, Civilização Brasileira, 2002].

[29] Trata-se principalmente dos textos "Experiência e pobreza" (1933), "O autor como produtor" (1934) e – apenas em certa medida – "A obra de arte na era de sua repro-

perdeu seu interesse pela problemática romântica, como demonstra o artigo de 1935 sobre Bachofen. De fato, o pensamento de Benjamin naquela época é muito contraditório: ele passa às vezes rapidamente de um extremo a outro – inclusive no âmbito de um mesmo texto, como o célebre ensaio sobre a obra de arte. Encontramos nesses escritos um elemento permanente de sua reflexão marxista – a preocupação materialista – e, ao mesmo tempo, uma tendência "experimental" a levar certos raciocínios até as últimas consequências. Ele parece atraído por uma variante soviética da ideologia do progresso, disposto a reinterpretá-la à sua maneira. Algumas leituras marxistas da obra de Benjamin privilegiarão precisamente esses textos, mais próximos de um materialismo histórico "clássico", se não ortodoxo. Se faço a opção inversa, é ao mesmo tempo em função de meus próprios interesses, de minhas opções filosófico-políticas, e do ponto de vista da gênese das teses de 1940, que encontram sua inspiração principal em outros escritos.

A partir de 1936, essa espécie de "parêntese progressista" se fecha, e Benjamin vai reintegrar cada vez mais o momento romântico em sua crítica marxista *sui generis* das formas capitalistas da alienação. Por exemplo, em seus escritos dos anos 1936-1938 sobre Baudelaire, ele retoma a ideia tipicamente romântica, sugerida em um ensaio de 1930 sobre E. T. A. Hoffmann[30], da oposição radical entre a vida e o autômato, no contexto de uma análise, de inspiração marxista, da transformação do proletário em autômato. Os gestos repetitivos, vazios de sentido e mecânicos dos trabalhadores diante da máquina – aqui Benjamin se refere diretamente a algumas passagens de *O capital** de Marx – são semelhan-

---

dutibilidade técnica" (1935) [Todos esses textos podem ser encontrados em *Magia e técnica, arte e política: ensaios sobre literatura e história da cultura*, volume 1 de *Obras escolhidas* (trad. e org. Sergio Paulo Rouanet; 7. ed., São Paulo, Brasiliense, 1994).]

[30] Nessa conferência, Benjamin evidencia o dualismo "decididamente religioso" entre a vida e o *autômato* que se encontra nos contos fantásticos de E. T. A. Hofmann, Oscar Panizza, Edgar Allan Poe e Alfred Kubin. Os contos do grande narrador romântico alemão, inspirados pelo sentimento de uma identidade secreta entre o *automático* e o *satânico*, veem a vida cotidiana do homem como "o produto de um infame mecanismo artificial, regido de dentro por Satã". Cf. W. BENJAMIN, "E. T. A. Hoffmann und Oskar Panizza", 1930, em *GS* II, 2, p. 644-7.

* *Das Kapital. Kritik der politischen Ökonomie* (Hamburg, Verlag von Otto Meissner, 1867) [ed. bras.: *O capital*, Rio de Janeiro, Civilização Brasileira, 2003].

tes aos gestos autômatos dos passantes na multidão descritos por Poe e por Hoffmann. Tanto uns como outros, vítimas da civilização urbana e industrial, não conhecem mais a experiência autêntica (*Erfahrung*), baseada na memória de uma tradição cultural e histórica, mas somente a vivência imediata (*Erlebnis*) e, particularmente, o *Chockerlebnis* [experiência do choque] que neles provoca um comportamento reativo de autômatos "que liquidaram completamente sua memória"[31].

O protesto romântico contra a modernidade capitalista é sempre feito em nome de um passado idealizado – real ou mítico. Qual é o passado que serve de referência ao marxista Walter Benjamin em sua crítica à civilização burguesa e às ilusões do progresso? Se, nos escritos teológicos de juventude, frequentemente é um paraíso perdido, nos anos 1930, é o comunismo primitivo que desempenha esse papel – como aliás em Marx e Engels, leitores atentos da antropologia romântica de Maurer e de Bachofen, assim como dos trabalhos de Morgan.

A análise sobre Bachofen, escrita por Benjamin em 1935, é uma das chaves mais importantes para compreender seu método de construção de uma nova filosofia da história a partir do marxismo e do romantismo. A obra de Bachofen, escreve ele, bebendo em "fontes românticas", fascinou os marxistas e os anarquistas (como Élisée Reclus) por sua "evocação de uma sociedade comunista na aurora da história". Refutando as interpretações conservadoras (Klages) e fascistas (Bäumler), Benjamin salienta que Bachofen "tinha escrutado em uma profundidade inexplorada as fontes que, através dos tempos, alimentaram o ideal libertário que Reclus reivindicava". Quanto a Engels e a Paul Lafargue, também foram atraídos pelos trabalhos de Bachofen sobre as sociedades matriarcais, em que teria existido um grau elevado de democracia e de igualdade cívica, assim como formas de comunismo primitivo que implicavam uma verdadeira "transformação do conceito de autoridade"[32].

---

[31] W. Benjamin, *Das Passagen-Werk* em *GS* V, 2, p. 966; idem, *Charles Baudelaire, un poète lyrique à l'apogée du capitalisme* (trad. J. Lacoste, Paris, Payot, 1983), p. 151, 180-4 [ed. bras.: *Charles Baudelaire, um lírico no auge do capitalismo*, v. 3 de *Obras escolhidas*; 3. ed., São Paulo, Brasiliense, 1997, trad. José Carlos Martins Barbosa e Hemerson Alves Baptista].

[32] W. Benjamin, "Johann Jakob Bachofen", 1935, em *GS* II, 1, p. 220-30. Benjamin se inspira na interpretação freudiana-marxista de Bachofen proposta por Erich Fromm.

Ideias análogas são esboçadas nos ensaios sobre Baudelaire. Benjamin interpreta a "vida anterior", evocada pelo poeta, como uma referência a uma era primitiva e edênica, em que a experiência autêntica ainda existia e as cerimônias do culto e as festividades permitiam a fusão do passado individual com o passado coletivo. Essa é, portanto, a *Erfahrung* que alimenta o jogo das "correspondências" em Baudelaire e inspira sua recusa à catástrofe moderna: "O essencial é que as correspondências contenham uma concepção da experiência que dê espaço para elementos cultuais. Seria preciso que Baudelaire se apropriasse desses elementos para poder avaliar plenamente o que significa, na realidade, a catástrofe que ele mesmo, enquanto homem moderno, testemunha." Esses "elementos cultuais" remetem a um passado longínquo, análogo às sociedades estudadas por Bachofen: "As 'correspondências' são os dados da rememoração, não os dados da história mas os da pré-história. O que faz a grandeza e dá a importância dos dias de festa é permitir o reencontro com uma 'vida anterior'." Rolf Tiedemann observa de forma muito pertinente que, para Benjamin, "a ideia das correspondências é a utopia pela qual um paraíso perdido aparece projetado no futuro"[33].

É sobretudo nos diferentes textos dos anos 1936-1940 que Benjamin desenvolverá sua visão da história, dissociando-se, de forma cada vez mais radical, das "ilusões do progresso" hegemônicas no âmbito do pensamento de esquerda alemão e europeu. Um longo ensaio publicado, em 1937, na *Zeitschrift für Sozialforschung*, a revista da Escola de Frankfurt (já exilada nos Estados Unidos), foi consagrado à obra do historiador e colecionador Eduard Fuchs. Nesse ensaio – que contém passagens inteiras que prefiguram, às vezes literalmente, as teses de 1940 – ele ataca o marxismo social-democrata, mistura de positivismo, evolucionismo darwiniano e culto ao progresso: "Ele só soube discernir, no desenvolvimento da técnica, o progresso das ciências naturais e não o retrocesso da sociedade [...]. As energias que a técnica desenvolve além desse patamar são destrutivas. Elas alimentam principalmente a técnica da guerra e a de sua pre-

---

[33] W. BENJAMIN, *Charles Baudelaire*, cit., p. 155, 189-91 e R. TIEDEMANN, "Nachwort" em W. BENJAMIN, *Charles Baudelaire* (Frankfurt, Suhrkamp, 1980), p. 205-6 [ed. bras.: "Charles Baudelaire" em *Obras escolhidas* III, São Paulo, Brasiliense, 1995, trad. José Carlos Martins Barbosa e Hemerson Alves Baptista].

paração jornalística." Entre os exemplos mais claros desse positivismo limitado, ele cita o socialista italiano Enrico Ferri, que queria reduzir "não somente os princípios, mas também a tática da social-democracia às leis da natureza" e que imputava as tendências anarquistas encontradas no movimento operário à "falta de conhecimentos de geologia e de biologia"[34]...

O objetivo de Benjamin é aprofundar e radicalizar a oposição entre o marxismo e as filosofias burguesas da história, aguçar seu potencial revolucionário e elevar seu conteúdo crítico. É com esse espírito que ele define, de maneira decisiva, a ambição do projeto de *Das Passagen-Werk*: "Podemos considerar também como objetivo, metodologicamente buscado neste trabalho, a possibilidade de um materialismo histórico que tenha aniquilado (*annihiliert*) em si mesmo a ideia de progresso. É justamente opondo-se aos hábitos do pensamento burguês que o materialismo histórico encontra suas fontes."[35] Um programa como esse não implicava um "revisionismo" qualquer, mas sobretudo, como Karl Korsch tinha tentado fazer em seu próprio livro – uma das principais referências de Benjamin – uma volta ao próprio Marx.

Benjamin estava consciente de que essa leitura do marxismo tinha suas raízes na crítica romântica à civilização industrial, mas estava convencido de que o próprio Marx também tinha encontrado sua inspiração nessa fonte. Ele acha um apoio para essa interpretação herética das origens do marxismo em *Karl Marx* (1938), de Korsch: "Com toda razão, e não sem nos fazer pensar em de Maistre e em Bonald, Korsch diz: 'Assim, também na teoria do movimento operário moderno, há uma parte da 'desilusão' que, depois da grande Revolução Francesa, foi proclamada pelos primeiros teóricos da contrarrevolução e, em seguida, pelos românticos alemães e que, graças a Hegel, teve uma forte influência sobre Marx'."[36]

É evidente que o marxismo de Benjamin, principalmente a partir dos anos 1936-1937, tinha pouco em comum com o "*diamat*" ["*materialismo dialético*"] soviético que Stalin iria logo (1938) codificar em um capítulo da muito oficial

---

[34] W. Benjamin, "Eduard Fuchs, collectionneur et historien", *Macula*, 3/4, 1978, p. 45, 49, trad. Philippe Ivernel.

[35] W. Benjamin, *Das Passagen-Werk,* cit., p. 574.

[36] Ibidem, p. 820.

Histoire du PC bolchevique de l'URSS [História do PC bolchevique da URSS]. A própria escolha, como referência filosófica, de Karl Korsch, um marxista heterodoxo – próximo da corrente "conselhista" – expulso do PC alemão nos anos 1920 e radicalmente contra os cânones teóricos tanto da social-democracia quanto do comunismo stalinista, já é indicativa dessa dissidência.

Um outro exemplo de sua autonomia em relação ao stalinismo – não necessariamente ligada à questão do Romantismo – é seu interesse por Trotski: em 1932, em uma carta a Gretel Adorno, Benjamin escreveu, a propósito da autobiografia do fundador do Exército Vermelho, que "havia anos" não assimilava nada "com tanta tensão, de tirar o fôlego". Jean Selz, que o conhecera em Ibiza em 1932, confirma que ele era partidário de "um marxismo abertamente antistalinista; ele manifestava uma grande admiração por Trotski"[37]. Se, no curso dos anos 1933-1935, ele parece aderir, de forma muito pouco crítica, ao modelo soviético – talvez como reação ao triunfo do fascismo hitlerista na Alemanha – e se no começo dos processos de Moscou ele manifesta sobretudo perplexidade – "é incompreensível", escreve ele a Horkheimer em 31 de agosto de 1936[38]; a partir de 1937-1938 Benjamin claramente toma distância em relação à variante stalinista do comunismo.

Uma nota dessa época sobre Brecht comprova essa evolução, em parte sob a influência de Heinrich Blücher (o marido de Hannah Arendt), um adepto da oposição comunista alemã dirigida por H. Brandler[39]: trata-se das "práticas da GPU", um "modo de comportamento que os piores elementos do PC compartilham com os elementos mais sem escrúpulos do nacional-socialismo". Benjamin critica Brecht por ter, em alguns poemas do *Auslinem Lesebuch für Städtebluohner* [Manual para habitantes das cidades], "transfigurado poeticamente os hábitos perigosos e cheios de consequências aos quais a prática da

---

[37] W. Benjamin, *Correspondance*, cit., II, p. 68 e J. Selz, "Walter Benjamin à Ibiza", *Lettres nouvelles*, 2, 1954. Sobre esse assunto, ver o ensaio de E. Traverso, "Walter Benjamin et Léon Trotsky", *Quatrième Internationale* n° 37-38, 1990.

[38] Carta citada por R. Tiedmann, *Dialektik im Stillstand. Versuche zum Spätwerk Walter Benjamins* (Frankfurt, Suhrkamp, 1983), p. 121.

[39] Heinrich Brandler, ex-dirigente do KPD (PC alemão), expulso em 1928, fundador do KPO – Partido comunista oposicionista – antistalinista, também estava exilado na França em 1939-1940.

GPU levou o movimento operário" e questiona seu próprio comentário sobre esse texto de Brecht como "piedosa falsificação"[40].

Apesar desse acerto de contas impiedoso, que não hesita em comparar as práticas da polícia stalinista com as dos nazistas, resta a Benjamin uma última esperança: que a URSS permaneça a aliada aos antifascistas. Em uma carta de 3 de agosto de 1938 a Max Horkheimer, ele manifesta "com muitas reservas" a esperança, "pelo menos por enquanto", de que se possa considerar o regime soviético – que ele descreve sem artifícios como uma "ditadura pessoal com todo seu terror" – como "o agente de nossos interesses em uma guerra futura". Ele acrescenta que se trata de um agente que "custa o mais alto preço imaginável, uma vez que é preciso pagá-lo com sacrifícios, que corroem muito particularmente os interesses que nos são próximos enquanto produtores" – uma expressão que sem dúvida se refere à emancipação dos trabalhadores e ao socialismo[41].

O Pacto Molotov-Ribbentrop será um duro golpe a essa última ilusão. As teses "Sobre o conceito de história" foram redigidas nesse novo contexto.

O capítulo "Feuermelder" ["Alarme de incêndio"] de *Rua de mão única* é um dos textos mais impressionantes de Walter Benjamin. Mas, em um certo sentido, toda sua obra pode ser considerada como uma espécie de "aviso de incêndio" dirigido a seus contemporâneos, um sino que repica e busca chamar a atenção sobre os perigos iminentes que os ameaçam, sobre as novas catástrofes que se perfilam no horizonte. As teses de 1940 são a expressão densa e concisa desse procedimento e dessa inquietação[42].

---

[40] W. Benjamin, "Note sur Brecht" (1938 ou 1939) em *Écrits autobiographiques* (C. Bourgeois, 1990), p. 367-8. "Blücher tem razão", reconhece Benjamin, em criticar tanto os poemas de Brecht quanto seu comentário.

[41] Carta citada por R. Tiedemann, *Dialektik im Stillstand*, cit., p. 122.

[42] A obra do pintor lituano Ciurlionis, que escolhemos para ilustrar a capa deste livro, resume essa ideia em uma "imagem dialética". Ela representa um campanário na frente de um céu azul em que as nuvens começam a se amontoar. Os sinos tocam com toda a força, mas ninguém parece ouvi-los. O conjunto, pintado em 1907, estranhamente faz pensar no posto de vigilância de um campo de concentração.

1

UMA LEITURA DAS TESES
"SOBRE O CONCEITO DE HISTÓRIA" DE WALTER BENJAMIN

Antes de passar a uma análise "talmúdica" – palavra por palavra, frase por frase – do texto de Benjamin, eis algumas breves observações para introduzir a leitura das teses. O documento *Sobre o conceito de história* foi redigido no começo de 1940, pouco antes da tentativa de seu autor de escapar de uma França vichysta em que os refugiados alemães judeus e/ou marxistas eram entregues às autoridades da Gestapo. Como sabemos, essa tentativa fracassou: interceptado pela polícia franquista na fronteira espanhola (Port-Bou), Walter Benjamin optou, em setembro de 1940, pelo suicídio.

A primeira referência ao documento aparece em uma carta de Benjamin a Adorno, escrita em francês em 22 de fevereiro de 1940, na qual explica a seu amigo o objetivo do texto: "Estabelecer uma cisão inevitável entre nossa forma de ver e as sobrevivências do positivismo" que povoam até mesmo as concepções históricas da esquerda[1]. O positivismo aparece assim, aos olhos de Benjamin, como o denominador comum das tendências que ele vai criticar: o historicismo conservador, o evolucionismo social-democrata, o marxismo vulgar[2].

---

[1] "Acabo de terminar um certo número de teses sobre o conceito de história. Por um lado, essas teses se aplicam às visões que se encontram esboçadas no capítulo I do 'Fuchs'. Por outro, devem servir como base teórica para o segundo ensaio sobre Baudelaire. Constituem uma primeira tentativa de fixar um aspecto da história que deve estabelecer uma cisão inevitável entre nossa forma de ver e as sobrevivências do positivismo que, na minha opinião, demarcam muito profundamente até os conceitos de história que, em si mesmos, nos são os mais próximos e os mais familiares" (*GS* I, 3, p. 1225). A última parte é uma referência transparente ao que ele designará nas teses como "marxismo vulgar".

[2] A doutrina social-democrata era frequentemente de inspiração neokantiana, mas essa

Cemitério de Port-Bou.

É necessário precisar que esse documento não se destinava à publicação. Benjamin o deu ou enviou a alguns amigos muito próximos – Hannah Arendt, Theodor W. Adorno – mas insistia, na carta a Gretel Adorno, que não era o caso de publicá-lo, porque isso "abriria as portas para a incompreensão entusiasta"[3]. Seus receios proféticos se realizaram plenamente: boa parte da literatura sobre as teses resulta da incompreensão, ora entusiasta ora cética, mas de qualquer maneira incapaz de apreender a dimensão do texto.

O estímulo direto para a redação das teses foi, sem dúvida, o pacto germano-soviético, o começo da Segunda Guerra Mundial e a ocupação da Europa pelas tropas nazistas. Mas não deixa de ser também o resumo, a expressão última e concentrada das ideias que permeiam toda a sua obra. Em uma de suas últimas cartas, dirigida a Gretel Adorno, Benjamin escreve: "A guerra e a constelação que a produziu me levaram a colocar no papel alguns pensamentos a respeito dos quais posso dizer que os guardo para mim – e mesmo de mim – há cerca de vinte anos." Ele poderia ter escrito "vinte e cinco anos", uma vez que, como

orientação não era necessariamente contraditória com a opinião positivista no campo das ciências sociais, como demonstra tão bem a obra de Édouard Bernstein.

[3] Carta de abril de 1940 em *GS* I, 3, p. 1226-7.

vimos, a conferência sobre a vida dos estudantes (1915) já continha algumas das ideias-chave de seu testamento espiritual de 1940[4].

Portanto, é preciso situar o documento em seu contexto histórico: nas palavras de Victor Serge, era "meia-noite no século", e aquele momento terrível da história contemporânea constitui, sem dúvida, o pano de fundo imediato do texto. Mas não podemos, por isso, fazer dele apenas o resultado de uma conjuntura precisa: ele é portador de um significado que supera, de longe, a constelação trágica que o fez nascer. Se, ainda hoje, ele tem a nos dizer, se suscita tanto interesse, discussões, polêmicas, é porque, através do prisma de um momento histórico determinado, ele coloca questões relativas a toda a história moderna e ao lugar do século XX no percurso social da humanidade.

A história do "salvamento" e da publicação das teses foi minuciosamente reconstituída pelos editores dos *Gesammelte Schriften* [Escritos escolhidos]. Foi uma cópia dada por Benjamin a Hannah Arendt e transmitida por esta a Adorno o objeto de uma primeira impressão, em uma espécie de brochura mimeografada, muito confidencial. *Walter Benjamin zum Gedächtnis* [À memória de Walter Benjamin] foi impresso, em 1942, com uma tiragem de algumas centenas de exemplares, pelo Instituto de Pesquisa Social de Frankfurt, exilado nos Estados Unidos.

Paradoxalmente, a primeira publicação, no sentido exato do termo, foi a tradução para o francês, feita por Pierre Missac, e se deu em outubro de 1947 na *Temps Modernes* (nº 25, p. 623-634) sem suscitar nenhuma reação. A mesma ausência de ecos sucedeu a publicação em alemão, aos cuidados de Adorno, na revista *Neue Rundschau* (nº 4, p. 560-570) em 1950. Só depois de sua publicação na primeira seleção de textos de Benjamin organizada por Adorno – *Schriften*, Frankfurt, Suhrkamp, 1955 – têm início realmente a receptividade do documento e as primeiras discussões sobre ele. Enfim, em 1974, foi publicada a edição crítica e comentada das teses, das variantes e das notas, assim como da tradução francesa pelo próprio Benjamin, nos *Gesammelte Shriften* (*GS*, Frankfurt, Suhrkamp) organizados por R. Tiedemann e H. Schweppenhäuser, com a colaboração de Adorno e Scholem. A essa edição foi acrescentada a última cópia, intitulada *Handexemplar* [Coletânea] – que

---

[4] Carta citada na revisão crítica do tomo I, 3 dos *GS*, p. 1226.

apresenta a particularidade de fazer de uma das notas a tese XVIII – descoberta por Giorgio Agamben e integrada ao volume VII dos *GS* (1991).

Nos debates que sucederam a publicação, a partir dos anos 1950, podemos distinguir três grandes escolas de interpretação das teses:

1. *A escola materialista*: Walter Benjamin é um marxista, um materialista consequente. Suas formulações teológicas devem ser consideradas como metáforas, como uma forma exótica que acoberta verdades materialistas. É a posição que Brecht já enunciava em seu "Diário"[5];

2. *A escola teológica*: Walter Benjamin é antes de tudo um teólogo judeu, um pensador messiânico. Para ele, o marxismo é apenas uma terminologia, uma utilização abusiva de conceitos como o de "materialismo histórico". É o ponto de vista de seu amigo Gershom Scholem;

3. *A escola da contradição*: Walter Benjamin tenta conciliar marxismo e teologia judaica, materialismo e messianismo. Mas como todos sabem, os dois são incompatíveis. Daí o fracasso de sua tentativa. É a leitura que fazem tanto Habermas quanto R. Tiedemann.

Na minha opinião, essas três escolas têm razão e se equivocam ao mesmo tempo. Gostaria de propor, modestamente, uma quarta abordagem: W. Benjamin é marxista *e* teólogo. É verdade que essas duas concepções são habitualmente contraditórias, mas o autor das teses não é um pensador "habitual": ele as reinterpreta, transforma e situa numa relação de esclarecimento recíproco que permite articulá-las de forma coerente. Ele gostava de se comparar a Janus, que com uma das faces olha para Moscou e com a outra para Jerusalém. Mas se esquece frequentemente de que o deus romano tinha duas faces mas *uma única cabeça*: marxismo e messianismo são apenas duas expressões – *Ausdrücke*, um dos termos favoritos de Benjamin – de um único pensamento. Um pensamento inovador, original, inclassificável, que se caracteriza pelo que ele chama, numa carta a Scholem de maio de 1926, de "paradoxal re-

---

[5] "Em suma, esse pequeno trabalho é claro e esclarecedor – apesar de todas as metáforas e judaísmos (*metaphorik und judaismen*) – e pensamos com horror quão poucos são aqueles que estariam dispostos a, pelo menos, dar prova de compreensão a uma coisa como essa" (B. Brecht, *Arbeitsjournal*, primeiro volume 1938-1942, ed. Werner Hecht, Frankfurt, Suhrkamp, 1973, p. 294) [ed. bras.: *Diário de trabalho*, Rio de Janeiro, Rocco, 2002].

versibilidade recíproca" (*Umschlagen*) do político no religioso e vice-versa[6]. Para melhor apreender a relação complexa e sutil entre redenção e revolução em sua filosofia da história, seria necessário falar de *afinidade eletiva*, ou seja, de atração mútua e reforço recíproco das duas condutas, a partir de algumas analogias estruturais, desembocando em uma espécie de fusão alquímica – como o encontro amoroso de duas almas no romance de Goethe, *Afinidades eletivas*, ao qual Benjamin dedicou um de seus mais importantes ensaios na juventude[7].

Embora se deva criticar a abordagem unilateral de Scholem, não convém subestimar a profunda atração de Benjamin por seu pensamento, inclusive no momento da redação das teses. Um documento, ainda inédito, que pude consultar no Arquivo Scholem na biblioteca da Universidade Hebraica de Jerusalém, mostra, sem sombra de dúvida, que o próprio título das teses foi inspirado em um manuscrito inédito de Scholem, de que certamente Benjamin tinha conhecimento, intitulado *Thesen über den Begriff der Gerechtigkeit* [Teses sobre o conceito de justiça], datado de "1919 e 1925". Ao ler esse texto, nos damos conta de que Benjamin não se inspirou apenas no título, mas também no conteúdo do manuscrito. Por exemplo, a passagem seguinte: "A época messiânica como presente eterno e a justiça da existência (*Daseiendes*), substancial, estão correlacionadas (*entsprechen sich*). Se não existisse justiça, o reino messiânico não só não existiria, como seria impossível."[8]

O objetivo das notas e dos comentários que se seguem não é "julgar" as teses de Benjamin, mas tentar compreendê-las. Isso não me impedirá de prestar homenagem à sua lucidez ou, se for o caso, criticar o que me parecer discutível. A interpretação proposta não tem a pretensão de ser exaustiva e, menos ainda,

---

[6] W. BENJAMIN, *Briefe* (Frankfurt, Suhrkamp, 1966), I, p. 426.

[7] W. BENJAMIN, "Les affinités électives de Goethe" em *Mythe et violence*, cit., p. 161--260. Sobre o conceito de afinidade eletiva e seu itinerário da alquimia à sociologia de Max Weber, passando por Goethe, ver minha obra *Rédemption et utopie: le judaïsme libertaire en Europe centrale: une étude d'affinité élective* (Paris, PUF, 1988) [ed. bras.: *Redenção e utopia*, São Paulo, Companhia das Letras, 1989].

[8] G. SCHOLEM, *Thesen über den Begriff der Gerechtigkeit*, 1919-1925. Arquivo Scholem. Universidade Hebraica de Jerusalém, p. 3.

de ser a mais "correta", a mais "verdadeira" ou a mais"científica". No máximo, tenta colocar em evidência uma certa coerência onde tantos outros veem só dissonância, contradição ou ambiguidade.

Os conceitos de Benjamin não são abstrações metafísicas, mas se relacionam a experiências históricas concretas. Decidi então ilustrar suas afirmações com exemplos – tanto da história europeia moderna quanto da história judaica antiga – inspirados, de forma direta ou indireta, em seus próprios escritos. Acrescentei também alguns exemplos latino-americanos contemporâneos; isso pode surpreender em um primeiro momento, mas me parece que se trata de uma questão importante: colocar em evidência ao mesmo tempo a universalidade e a atualidade do conceito de história de Walter Benjamin. Descobri as teses no momento em que movimentos populares insurrecionais se desenvolviam na América Central. O documento me permitiu compreender melhor os acontecimentos e, inversamente, estes esclareceram, com uma nova luz, o texto.

Na edição brasileira, optei pela tradução das teses feita por Jeanne Marie Gagnebin e Marcos Lutz Müller[9], que considero a melhor e mais apurada. Seguindo o exemplo de pesquisadores italianos[10], acrescentei à lista conhecida das teses uma nova, que figura com o número XVIII no exemplar descoberto há alguns anos por Giorgio Agamben. Essa tese já aparecia entre as notas preparatórias publicadas nos *Gesammelte Schriften* com o número XVIIa. O *Handexemplar* encontrado por Agamben mostra que Benjamin pretendia incluí-la na versão final do documento. Trata-se, aliás, de um texto autônomo – e não de uma variante – da maior importância. Figura aqui com o número XVIIa para evitar mudança na numeração, já conhecida, das últimas teses.

---

[9] A tradução de Gagnebin e de Müller foi feita a partir do original alemão "Über den Begriff der Geschichte" em *Gesammelte Schriften*, organizado por R. Tiedemann e H. Schweppenhäuser (Frankfurt, Suhrkamp, 1974), I, 2, p. 691-704 e I, III, p. 1231, onde se encontra a tese XVIIa. Parte dessa obra será publicada em português na coleção "Espírito Crítico", numa coedição entre as editoras 34 e Duas Cidades, que gentilmente cederam a tradução das teses para a Boitempo.

[10] G. Bonola, M. Ranchetti (org.), *Walter Benjamin, sul concetto di storia* (Torino, Einaudi, 1997).

Para a interpretação das teses, constantemente me referi às notas preparatórias, publicadas no volume I.3 dos *Gesammelte Schriften*, cujas referências serão mencionadas no corpo do texto (entre parênteses).

Algumas observações pessoais para concluir esta introdução. Descobri as teses "Sobre o conceito de história" tardiamente. Paradoxalmente, graças aos escritos de Gershom Scholem – que encontrei em Jerusalém em 1979 – tomei conhecimento desse documento, em um momento em que começava a me interessar pelas relações entre messianismo e utopia no judaísmo. No entanto, o texto estava disponível em francês desde 1947 e em alemão desde 1950. Não sei se devo atribuir esse atraso à ignorância, à cegueira ou ao desprezo. Em todo caso, meu itinerário intelectual, se divide em antes e depois da descoberta das teses *Über den Begriff der Geschichte* de Benjamin.

Desde que os li, há cerca de vinte anos, esses escritos não deixaram de me ocupar, fascinar, intrigar, emocionar. Li, reli e li novamente, dezenas de vezes, tendo o sentimento – ou a ilusão – a cada leitura, de descobrir aspectos novos, de mergulhar mais profundamente na infinita profundidade do texto, de compreender enfim o que, pouco antes, parecia ainda hermético e opaco. Confesso que restam para mim zonas obscuras em algumas passagens do documento, enquanto outras me parecem deslumbrantes por sua transparência, sua luminosidade, sua evidência inquestionável. Essas diferenças se manifestam em um tratamento muito desigual das teses em meus comentários...

Mas, acima de tudo, a leitura das "teses" afetou minhas certezas, transformou minhas hipóteses, inverteu (alguns de) meus dogmas: em resumo, ela me obrigou a refletir *de outra maneira*, sobre uma série de questões fundamentais: o progresso, a religião, a história, a utopia, a política. Nada saiu imune desse encontro capital.

Pouco a pouco me dei conta também da dimensão universal das proposições de Benjamin, de sua importância para compreender – "do ponto de vista dos vencidos" – não só a história das classes oprimidas, mas também a das mulheres – a metade da humanidade –, dos judeus, dos ciganos, dos índios das Américas, dos curdos, dos negros, das minorias sexuais, isto é, dos párias – no sentido que Hannah Arendt dava a este termo – de todas as épocas e de todos os continentes.

Nos quinze últimos anos, redigi muitas notas na perspectiva de uma interpretação das teses. Segui os cursos ou as conferências de eminentes especialistas, como Stéphane Mosès e Irving Wohlfarth. Por minha vez, fiz das teses o tema de um seminário ao longo de um ano inteiro na École des Hautes Études en Sciences Sociales – e, mais tarde, na Universidade de São Paulo. Li uma boa parte das obras dos comentadores, todavia continuo convencido não só de que ainda há lugar para outras interpretações – como a que proponho aqui – mas de que o texto de Benjamin pertence àquela espécie rara de escritos que têm por vocação suscitar novas leituras, novos pontos de vista, abordagens hermenêuticas diferentes, reflexões inéditas – *ad infinitum*. Ou ainda, como diz o *shemah israel*, a milenar prece dos judeus, *leolam va ed*, por toda a eternidade.

TESE I

Como se sabe, deve ter havido um autômato, construído de tal maneira que, a cada jogada de um enxadrista, ele respondia com uma contrajogada que lhe assegurava a vitória da partida. Diante do tabuleiro, que repousava sobre uma ampla mesa, sentava-se um boneco em trajes turcos, com um narguilé à boca. Um sistema de espelhos despertava a ilusão de que essa mesa de todos os lados era transparente. Na verdade, um anão corcunda, mestre no jogo de xadrez, estava sentado dentro dela e conduzia, por fios, a mão do boneco. Pode-se imaginar na filosofia uma contrapartida dessa aparelhagem. O boneco chamado "materialismo histórico" deve ganhar sempre. Ele pode medir-se, sem mais, com qualquer adversário, desde que tome a seu serviço a teologia, que, hoje, sabidamente, é pequena e feia e que, de toda maneira, não deve se deixar ver.

A tese I logo anuncia um dos temas centrais do conjunto do texto "Sobre o conceito de história": a associação paradoxal entre o materialismo e a teologia. Para dar conta dessa combinação, Benjamin cria uma alegoria irônica. Tentemos decifrar o significado dos elementos que a compõem:

Em primeiro lugar, o autômato: é um boneco, ou uma marionete, "chamado 'materialismo histórico'". O uso das aspas e o estilo da frase sugerem que esse autômato não é o "verdadeiro" materialismo histórico, mas aquele que *se costuma* chamar assim. Quem "costuma"? Os principais porta-vozes do marxismo de sua época, isto é, os ideólogos da II e da III Internacional. Aos olhos de Benjamin, o materialismo histórico torna-se efetivamente, nas mãos desses porta-vozes, um método que percebe a história como um tipo de máquina que conduz "automaticamente" ao triunfo do socialismo. Para esse materialismo mecânico, o desenvolvimento das forças produtivas, o progresso econômico e as "leis da história" levam necessariamente à crise final do capitalismo e à vitória do proletariado (versão comunista) ou às reformas que transformarão gradualmente a sociedade (versão social-democrata). Ora, esse autômato, esse manequim, esse boneco mecânico, não é capaz de ganhar a partida.

"Ganhar a partida" tem aqui um duplo sentido:

a) interpretar corretamente a história, lutar contra a visão da história dos opressores;

b) vencer o próprio inimigo histórico, as classes dominantes – em 1940: o fascismo.

Para Benjamin, os dois sentidos estão intimamente ligados na unidade indissolúvel entre a teoria e a prática: sem uma interpretação correta da história, é difícil, se não impossível, lutar de maneira eficaz contra o fascismo. A derrota do movimento operário marxista diante do fascismo – na Alemanha, na Áustria, na Espanha, na França – demonstra a incapacidade desse boneco sem alma, desse autômato vazio de sentido, de "ganhar a partida" – uma partida em que se decide o futuro da humanidade.

Para ganhar, o materialismo histórico precisa da ajuda da teologia: é o pequeno anão escondido na máquina. Essa alegoria foi inspirada, como se sabe, em um conto de Edgar Allan Poe – traduzido por Baudelaire – que Benjamin conhecia muito bem: "O jogador de xadrez de Maelzel"*. Trata-se de um autômato jogador de xadrez, apresentado em 1769 à corte de Viena pelo barão Wolfgang von Kempelen, que vai acabar, depois de diversas peripécias, nos Estados Unidos, em uma turnê organizada por um inventor-empreendedor vienense, Johann Nepomuk Maelzel. Poe descreve esse autômato como uma figura "vestida no estilo turco", cuja "mão esquerda segura um cachimbo" e que, sendo uma máquina, "deveria ganhar sempre" as partidas de xadrez. Uma das hipóteses de Poe é que um "anão movimentava a máquina", um anão previamente escondido nela. A similaridade – quase ao pé da letra – com a tese I é evidente.[11]

Na minha opinião, a relação entre o texto de Poe e a tese de Benjamin não é somente pitoresca. A conclusão filosófica de "O jogador de xadrez de Maelzel" é a seguinte: "É absolutamente certo que as operações do autômato são reguladas pelo espírito e não por alguma outra coisa." O espírito de Poe torna-se, em Benjamin, a teologia, ou seja, o espírito messiânico, sem o qual o materialismo histórico não pode "ganhar a partida", nem a revolução pode triunfar.

---

* "Maelzel's Chess-Player" [ed. bras.: "O jogador de xadrez de Maelzel" em *Histórias extraordinárias de Allan Poe*, São Paulo, Ediouro, 2002, trad. de Clarice Lispector].

[11] E. A. Poe, "Le jouer d'échecs de Maelzel" em *Histoires grotesques et sérieuses* (Paris, Folio, 1978, trad. de Charles Baudelaire), p. 110-28.

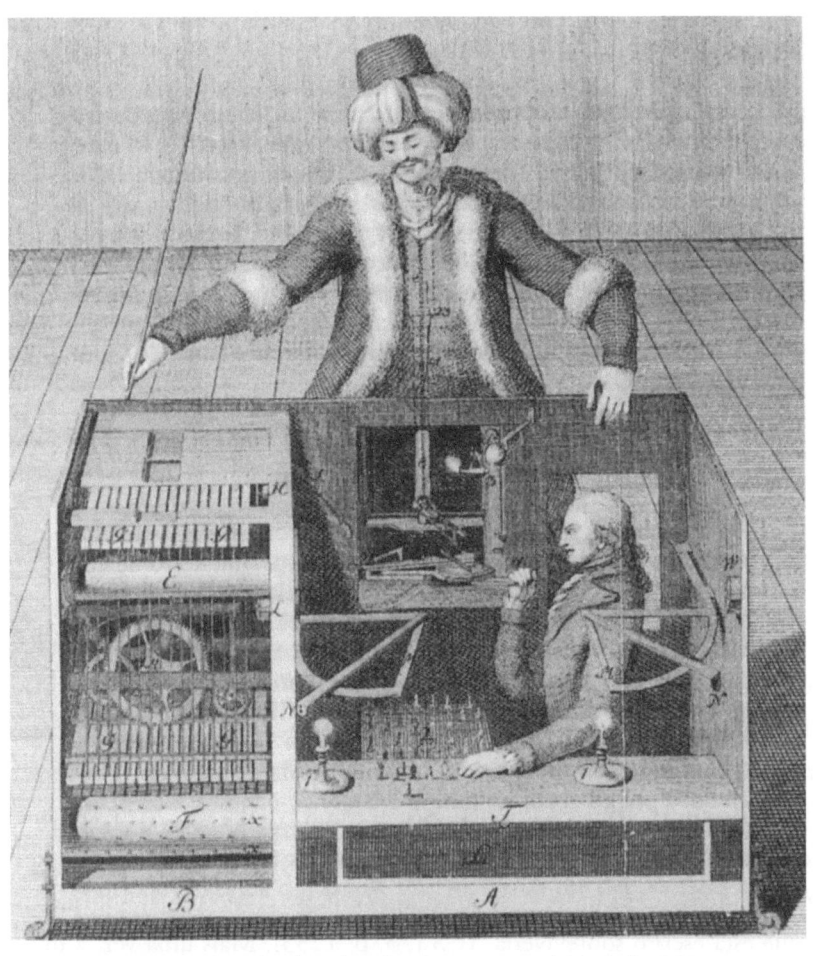

Autômato jogador de xadrez de Johann Nepomuk Maelzel, 1769.

Parece-nos que Rolf Tiedemann se engana quando, em seu último livro – aliás, muito interessante –, escreve: "O anão teológico também está morto, porque se tornou uma peça de um aparelho morto. O conjunto do autômato está morto e talvez já represente o campo de morte e de ruínas da tese IX."[12] Se o conjunto, inclusive o anão, está morto e arruinado, como pode ganhar a partida contra o adversário? O que a tese sugere é exatamente o contrário: graças à ação revitalizadora do anão, o conjunto se torna vivo e ativo...

[12] R. Tiedemann, *Dialektik im Stillstand*, cit., p. 118.

O pequeno anão ou o anão corcunda, como alma, como *spiritus rector* de uma estrutura inanimada, é um tema típico da literatura romântica. Lembremos o Quasímodo de *Notre-Dame* de Hugo: "A catedral parecia uma criatura dócil obediente em suas mãos... ela estava possuída e imbuída do Quasímodo como um gênio familiar... O Egito o considerou o deus desse templo; a Idade Média acreditava que ele fosse o demônio; ele era sua alma." Benjamin estava fascinado por esse tema: em sua coletânea de contos publicada em francês com o título *Rastelli raconte* [Rastelli conta], ele colocou em cena um anão "cuidadosamente escondido" no balão de um jogral mestre, que realizava "prodígios", "brincando com os mecanismos escondidos dentro do balão"[13].

A teologia, como o anão da alegoria, atualmente, só pode agir de forma oculta no interior do materialismo histórico. Em uma época racionalista e incrédula, ela é uma "velha feia e enrugada" ("*vieille laide et ratatinée*", de acordo com a tradução francesa de Benjamin) que deve se esconder... Curiosamente, Benjamin parece não se conformar com essa regra, uma vez que, em suas teses, a teologia é perfeitamente visível. Talvez seja um conselho aos leitores do documento: utilizem a teologia, mas não a mostrem. Ou então, como o texto não estava destinado à publicação, não era necessário esconder o anão corcunda dos olhos do público. Em todo caso, o raciocínio é análogo ao de uma nota de *Das Passagen-Werk*, que Benjamin tinha integrado aos materiais preparatórios das teses: "Meu pensamento se comporta em relação à teologia como o mata-borrão em relação à tinta. Fica completamente embebido. Mas se ele funcionasse como o mata-borrão, nada do que está escrito sobreviveria" (*GS* I, 3, p. 1235). Mais uma vez, a imagem de uma presença determinante – mas invisível – da teologia no cerne do pensamento "profano". Aliás, a imagem é muito curiosa: de fato, como sabem os que utilizaram esse instrumento que agora caiu em desuso, vestígios dos escritos à tinta permanecem sempre na superfície do mata-borrão...

O que significa "teologia" para Benjamin? Isso ficará mais claro à medida que examinarmos as teses, mas o termo remete a dois conceitos fundamentais: a rememoração (*Eingedenken*) e a redenção messiânica (*Erlösung*). Ambos são, como veremos, componentes essenciais do novo "conceito de história" que as teses constroem.

---

[13] W. BENJAMIN, *Rastelli raconte... et autres récits* (Paris, Seuil, 1987), p. 126-7.

Como, então, interpretar a relação entre a teologia e o materialismo? Essa questão é apresentada de maneira eminentemente paradoxal na alegoria: inicialmente, o anão teológico aparece como o mestre do autômato, de quem ele se serve como instrumento; ora, no final, ele escreve que o anão está "a serviço" do autômato. O que significa essa inversão? Uma hipótese possível é a de que Benjamin quer mostrar a complementaridade dialética entre os dois: a teologia e o materialismo histórico são ora o mestre, ora o servo; são ao mesmo tempo mestre e servo um do outro, eles precisam um do outro.

É preciso levar a sério a ideia de que a teologia está "a serviço" do materialismo – fórmula que inverte a tradicional definição escolástica da filosofia como *ancilla theologiae* (serva da teologia). Para Benjamin, a teologia não é um objetivo em si, não visa à contemplação inefável de verdades eternas, e muito menos, como poderia a etimologia levar a crer, à reflexão sobre a natureza do Ser divino: ela está a serviço da luta dos oprimidos. Mais precisamente, ela deve servir para restabelecer a força explosiva, messiânica, revolucionária do materialismo histórico – reduzido, por seus epígonos, a um mísero autômato. O materialismo histórico ao qual se refere Benjamin nas teses seguintes é aquele que resulta dessa vivificação, dessa ativação espiritual pela teologia.

Segundo Gerhard Kaiser, nas teses, Benjamin "teologiza o marxismo. O verdadeiro materialismo histórico é a verdadeira teologia... Sua filosofia da história é uma teologia da história". Esse tipo de interpretação destrói o delicado equilíbrio entre os dois componentes, reduzindo um ao outro. Todo reducionismo unilateral – num ou noutro sentido – é incapaz de dar conta da dialética entre a teologia e o materialismo e de sua necessidade recíproca.

No sentido inverso, Krista Greffrath pensa que "a teologia das teses é uma *construção auxiliar*... necessária para arrancar a tradição do passado das mãos de seus gestores atuais". Essa interpretação corre o risco de dar uma visão muito contingente e instrumental da teologia quando, na realidade, trata-se de uma dimensão essencial do pensamento de Benjamin desde seus primeiros escritos em 1913.

Enfim, Heinz-Dieter Kittsteiner acredita que há uma espécie de distinção de funções entre o boneco e o anão: "O materialista histórico enfrenta o presente como marxista, e o passado como teólogo da rememoração." Ora, essa divisão de trabalho não corresponde de maneira alguma às ideias de Benjamin. Para ele, o marxismo é tão necessário à compreensão do passado quanto a teologia para a ação presente e futura...[14]

A ideia de uma associação entre teologia e marxismo é uma das teses de Benjamin que suscitou mais incompreensão e perplexidade. No entanto, algumas dezenas de anos depois, o que, em 1940, era apenas uma intuição ia se tornar um fenômeno histórico de enorme importância: a Teologia da Libertação na América Latina. O conjunto de textos – escritos por autores de uma cultura filosófica extraordinária, como Gustavo Gutierrez, Hugo Assmann, Enrique Dussel, Leonardo Boff e muitos outros, que articulam de maneira sistemática o marxismo e a teologia – contribuiu para mudar a história da América Latina. Os milhões de cristãos, inspirados por essa teologia, presentes nas comunidades de base ou nas pastorais populares, desempenharam um papel crucial na revolução sandinista na Nicarágua (1979), no crescimento da guerrilha na América Central (El Salvador, Guatemala), na formação do novo movimento operário e camponês brasileiro – do Partido dos Trabalhadores (PT) e do Movimento dos Trabalhadores Rurais Sem Terra (MST) – e até mesmo na eclosão das lutas indígenas em Chiapas. De fato, a maior parte dos movimentos sociais e políticos rebeldes latino-americanos durante os últimos trinta anos tem a ver, em diferentes graus, com a Teologia da Libertação[15].

Certamente, em diversos aspectos, essa é muito diferente da "teologia da revolução" esboçada por Benjamin – aliás, desconhecida dos teólogos latino-americanos. No caso, foi a teologia que se tornou um boneco imobilizado, e a introdução do marxismo – não necessariamente escondido – a revitalizou. Além disso, trata-se de uma teologia cristã e não judaica – mesmo que a dimensão messiânica/profética esteja bem presente nela e que os teólogos da libertação insistam muito no caráter "hebraico" do primeiro cristianismo e na continuidade entre este e o espírito do Antigo Testamento. Finalmente, o contexto latino-americano

---

[14] Os artigos de G. Kaiser, K. Greffrath e H.-D. Kittsteiner encontram-se em P. Bulthaup, *Materialien zu Benjamins Thesen "Über den Begriff der Geschichte"* (Frankfurt, Suhrkamp, 1975).

[15] Trato desse assunto em meu livro *La guerre des dieux: religion et politique en Amérique Latine* (Paris, Du Felin, 1998) [ed. bras.: *A guerra dos deuses: religião e política na América Latina*, Petrópolis, Vozes, 2000].

das últimas décadas é bem diferente do da Europa entre as guerras. Apesar disso, a associação entre teologia e marxismo com que sonhava o intelectual judaico revelou-se, à luz da experiência histórica, não só possível e frutífera, mas portadora de mudanças revolucionárias.

TESE II

"Pertence às mais notáveis particularidades do espírito humano, [...] ao lado de tanto egoísmo no indivíduo, a ausência geral de inveja de cada presente em face do seu futuro", diz Lotze. Essa reflexão leva a reconhecer que a imagem da felicidade que cultivamos está inteiramente tingida pelo tempo a que, uma vez por todas, nos remeteu o decurso de nossa existência. Felicidade que poderia despertar inveja em nós existe tão somente no ar que respiramos, com os homens com quem teríamos podido conversar, com as mulheres que poderiam ter-se dado a nós. Em outras palavras, na representação da felicidade vibra conjuntamente, inalienável, a [representação] da redenção. Com a representação do passado, que a História toma por sua causa, passa-se o mesmo. O passado leva consigo um índice secreto pelo qual ele é remetido à redenção. Não nos afaga, pois, levemente um sopro de ar que envolveu os que nos precederam? Não ressoa nas vozes a que damos ouvido um eco das que estão, agora, caladas? E as mulheres que cortejamos não têm irmãs que jamais conheceram? Se assim é, um encontro secreto está então marcado entre as gerações passadas e a nossa. Então fomos esperados sobre a terra. Então nos foi dada, assim como a cada geração que nos precedeu, uma fraca força messiânica, à qual o passado tem pretensão. Essa pretensão não pode ser descartada sem custo. O materialista histórico sabe disso.

A tese II introduz um dos principais conceitos teológicos do documento: *Erlösung*, que se poderia traduzir melhor por *redenção* do que por "libertação"[16]. Benjamin a situa em primeiro lugar na esfera do indivíduo: sua felicidade pessoal pressupõe a redenção de seu próprio passado, a realização do que poderia ter sido mas não foi. Segundo a variante dessa tese, que se encontra em *Das Passagen-Werk*, essa felicidade (*Glück*) pressupõe a reparação do abandono (*Verlassenheit*) e da desolação (*Trostlosigkeit*) do passado. A redenção do passado é simplesmente essa realização e essa reparação, de acordo com a imagem de felicidade de cada indivíduo e de cada geração[17].

---

[16] O termo *Erlösung*, que muito provavelmente Benjamin extraiu do livro de Franz Rosenzweig, *Der Stern der Erlösung*, tem um significado ao mesmo tempo e inseparavelmente teológico – a salvação – e político: a libertação, a liberação. Isso vale também para o termo equivalente em hebraico: *ge'ulah*.

[17] W. BENJAMIN, *Das Passagen-Werk (PW)* (Frankfurt, Suhrkamp, 1983), 1, p. 600.

A tese II passa gradualmente da redenção individual para a reparação coletiva, no campo da história. Para compreender seu argumento, é preciso se referir ao *Das Passagen-Werk*, que contém diversas citações de Lotze, um autor que, sem dúvida alguma, foi uma referência importante para as reflexões de Benjamin nas teses.

O filósofo alemão Hermann Lotze (1817-1881), hoje bem esquecido, pertence à corrente metafísica idealista, próxima do monadismo leibniziano. Sua obra *Mikrokosmos* [Microcosmos] expressa uma filosofia ética e religiosa da história, marcada pela melancolia, que chamou a atenção de Benjamin no final dos anos 1930. Em uma carta a Horkheimer, em 24 de janeiro de 1939, poucos meses antes da redação das teses, ele afirma ter encontrado em Lotze um apoio inesperado para suas reflexões, já esboçadas em seu artigo sobre Fuchs de 1938, sobre a necessidade de "colocar limites na utilização do conceito de progresso na história"[18].

Segundo os fragmentos do *Mikrokosmos* citados por Benjamin em *Das Passagen-Werk*, não há progresso se as almas que sofrem não têm direito à felicidade (*Glück*) e à realização (*Volkommenheit*). Lotze rejeita, então, as concepções da história que desprezam as reivindicações (*Ansprüche*) de épocas passadas, e que consideram que o sofrimento das gerações passadas foi irrevogavelmente perdido. É preciso, insiste ele, que o progresso se realize também para as gerações passadas de uma maneira misteriosa (*geheimnisvoll*)[19].

Essas ideias encontram-se quase ao pé da letra na tese II, que concebe a redenção sobretudo enquanto rememoração histórica das vítimas do passado. Além do livro de Lotze, Benjamin se inspira, aqui, muito provavelmente em algumas observações de Horkheimer, em um artigo sobre Bergson, publicado em 1934 na *Zeitschrift für Sozialforschung*: "O que aconteceu aos seres humanos que morreram, nenhum futuro pode reparar. Jamais serão chamados para se tornarem felizes para sempre. [...] No meio dessa imensa indiferença, somente a consciência humana pode se tornar o altar onde a injustiça sofrida pode ser abolida/ultrapassada (*aufgehoben*), a única instância que não se satisfaz com aquela [...]. Agora que a fé na eternidade deve se decompor, a

---

[18] *GS* I, 3, p. 1225.
[19] *PW* 1, p. 599-600.

historiografia (*Historie*) é o único tribunal de justiça (*Gehör*) que a humanidade atual, ela própria passageira, pode oferecer aos protestos (*Anklagen*) que vêm do passado." A ideia de uma *Aufhebung* (supressão) da injustiça passada, graças à consciência histórica, corresponde perfeitamente às intenções de Benjamin, mas ele lhe dá uma dimensão teológica que não é aceita por Horkheimer[20].

Em uma carta a Benjamin de 16 de março de 1937, Horkheimer retoma sua problemática, mas sobretudo para criticar o caráter "idealista" de uma concepção da história como "inacabada" (*Unabgeschlossenheit*): "A injustiça do passado está consumada e acabada. Os assassinados foram realmente assassinados... Se levarmos a sério o não fechamento da história, teremos de acreditar no Juízo Final..." Benjamin atribuía uma grande importância a essa carta, que ele registra em *Das Passagen-Werk*, mas não compartilha da postura estritamente científica e materialista de seu correspondente. Ele atribui uma qualidade teológica redentora à rememoração, a seu ver, capaz de "tornar inacabado" o sofrimento aparentemente definitivo das vítimas do passado. "Trata-se da teologia; mas, na rememoração (*Eingedenken*), temos uma experiência que nos proíbe conceber a história de maneira radicalmente ateológica, mesmo que não tenhamos o direito de tentar escrever em termos diretamente teológicos."[21] Portanto, a rememoração é uma das tarefas do anão teológico escondido no materialismo, que não deve se manifestar muito "diretamente".

Essa discussão não deve ocultar a dívida de Benjamin para com as concepções de Horkheimer, principalmente aquelas expostas em seu primeiro livro, *Dämmerung* [Crepúsculo]. Nessa obra – sem dúvida a mais revolucionária que escreveu – publicada em 1934 sob o pseudônimo de "Heinrich Regius",

---

[20] M. HORKHEIMER, *Traditionelle und Kritische Theorie* (Frankfurt, Fischer, 1968), I, p. 198-9.

[21] *PW* 1, p. 589. Gérard Raulet é um dos raros autores que leva em conta os escritos de Lotze para decifrar a tese II. Sua interpretação é interessante, mas padece de uma visão dualista do pensamento de Benjamin, a quem atribui como pressuposição final "uma mudança de eixo: a substituição radical do tempo messiânico pelo tempo profano" (G. RAULET, *Le caractère destructeur: esthétique, théologie et politique chez Walter Benjamin*, Paris, Aubier, 1997, p. 207). A nosso ver, não se trata de "substituição", mas de *correspondência* entre os dois eixos. Voltaremos a falar disso.

Horkheimer diz: "Quando se está no mais baixo degrau, exposto a uma eternidade de tormentos que vos infligem outros seres humanos, alimenta-se como um sonho de libertação o pensamento de que virá um ser, que se manterá em plena luz e vos fará chegar à verdade e à justiça. Vós não tendes a necessidade de que isso se produza durante vossa vida, nem durante a vida daqueles que vos torturam até a morte, mas um dia, qualquer que seja ele, tudo será reparado. (...) É doloroso ser desconhecido e morrer na obscuridade. Clarear essa obscuridade, essa é a honra da pesquisa histórica."[22] A afinidade com as teses de Benjamin é impressionante.

Todavia, a rememoração, a contemplação, na consciência, das injustiças passadas, ou a pesquisa histórica, aos olhos de Benjamin, não são suficientes. É preciso, para que a redenção aconteça, a reparação – em hebraico, *tikkun*[23] – do sofrimento, da desolação das gerações vencidas, e a realização dos objetivos pelos quais lutaram e não conseguiram alcançar.

Como no conjunto das teses, a redenção pode ser aqui compreendida simultaneamente de maneira teológica e profana. Em termos seculares, ela significa – como veremos se explicitar nas teses seguintes – a emancipação dos oprimidos. Os derrotados em junho de 1848, para mencionar um exemplo muito presente em *Das Passagen-Werk* (mas também na obra histórica de Marx), esperam de nós não só a rememoração de seu sofrimento, mas também a reparação das injustiças passadas e a realização da utopia social. Um pacto secreto nos liga a eles e não nos desembaraça facilmente de sua exigência, se quisermos nos manter fiéis ao materialismo histórico, ou seja, a uma visão da história como luta permanente entre os oprimidos e os opressores.

A redenção messiânica/revolucionária é uma tarefa que nos foi atribuída pelas gerações passadas. Não há um Messias enviado do céu: somos nós o Messias, cada geração possui uma parcela do poder messiânico e deve se esforçar para exercê-la.

A hipótese herética, do ponto de vista do judaísmo ortodoxo, de uma "força messiânica" (*messianische Kraft*) atribuída aos seres humanos está pre-

---

[22] M. HORKHEIMER, *Crépuscules: notes en Allemagne (1926-1931)* (Paris, Payot, col. "Critique de la politique", trad. de Sanine Cornille e Philippe Ivernel, 1994), p. 159.

[23] Vamos retomar esse termo cabalístico no comentário sobre a tese III.

sente também entre outros pensadores judeus da Europa central, como Martin Buber[24]. Mas, enquanto para ele se trata de uma força auxiliar, que nos permite cooperar com Deus na obra de redenção, para Benjamin essa dualidade parece suprimida – no sentido de *aufgehoben*. Deus está ausente, e a tarefa messiânica é inteiramente atribuída às gerações humanas. O único messias possível é coletivo: é a própria humanidade, mais precisamente, como veremos depois, a humanidade oprimida. Não se trata de esperar o Messias, ou de calcular o dia de sua chegada – como o fazem os cabalistas e outros místicos judeus que praticam a *gematria* – mas de agir coletivamente. A redenção é uma autorredenção, cujo equivalente profano pode ser encontrado em Marx: os homens fazem sua própria história, a emancipação dos trabalhadores será obra dos próprios trabalhadores.

No entanto, o que distingue Benjamin de Marx não é apenas a dimensão teológica, mas também a importância da exigência que vem do passado: não haverá redenção para a geração presente se ela fizer pouco caso da reivindicação (*Anspruch*) das vítimas da história[25].

Por que essa força messiânica é *fraca* (*schwach*)? Como sugeriu Giorgio Agamben, poderíamos ver nisso uma referência a uma passagem do Evangelho cristão segundo são Paulo, 2 Cor. 12, 9-10: para o Messias, "a força se realiza na fraqueza" – na tradução de Lutero: *mein Kraft ist in den schwachen mächtig*[26]. Mas a expressão provavelmente tem também um significado político atual: a conclusão melancólica que Benjamin tira dos fracassos passados e presentes do combate emancipador. A redenção não é inteiramente garantida, ela é apenas uma possibilidade muito pequena que é preciso saber agarrar.

---

[24] Segundo Buber, para o chassidismo, Deus não quer a redenção sem a participação dos seres humanos: ele concedeu às gerações humanas uma "força cooperadora" (*mitwirkende Kraft*), uma força messiânica (*messianische Kraft*) ativa. M. Buber, *Die chassidischen Bücher* (Berlim, Schocken, 1927), p. XXIII, XXVI, XXVII.

[25] Cf. R. Tiedemann, *Studien zur Philosophie Walter Benjamins* (Frankfurt, Suhrkamp, 1973), p. 138.

[26] G. Agamben, *Le temps qui reste: un commentaire de l' "Épître aux Romains"* (Paris, Payot, "Rivages", 2000, p. 218-9). É verdade que esse querigma cristão tem uma origem judaica na figura veterotestamentária do Messias enquanto "servidor sofredor do Senhor".

Como todo o documento, a tese II se orienta ao mesmo tempo para o passado – a história, a rememoração – e o presente: a ação redentora. Segundo Jürgen Habermas, o direito que o passado exige de nosso poder messiânico "somente pode ser respeitado se for renovado constantemente o esforço crítico do olhar que a história dirige a um passado que reivindica sua libertação"[27]. Essa observação é legítima, mas extremamente restritiva. O poder messiânico não é apenas contemplativo – "o olhar voltado para o passado". É também ativo: a redenção é uma tarefa revolucionária que se realiza no presente. Não é apenas uma questão de memória mas, como o lembra a tese I, trata-se de ganhar a partida contra um adversário poderoso e perigoso. "Éramos esperados na terra" para salvar do esquecimento os vencidos, mas também para continuar e, se possível, concluir seu combate emancipador.

Se o profetismo judaico é ao mesmo tempo a lembrança de uma promessa e o apelo a uma transformação radical, para Benjamin, "a veemência, mesmo a violência da tradição profética e a radicalidade da tradição marxista se encontram aqui na exigência de uma salvação que não consista simplesmente na conservação do passado, mas que seja também uma transformação ativa do presente"[28].

Theodor Adorno se refere à tese II em um artigo, de inspiração benjaminiana, intitulado "Fortschritt" ["Progresso"] (1962), mas ele a interpreta de maneira estranha, invertendo curiosamente as propostas de seu amigo: "Para Benjamin [...] a representação da felicidade das gerações que ainda não nasceram – sem as quais não se poderia falar em progresso – seria inevitavelmente acompanhada daquela da redenção."[29] Para Benjamin, não se trata das gerações que ainda não nasceram – mais tarde, veremos que ele rejeita explicitamente a doutrina progressista "clássica" do combate para as gerações do futuro – mas daquelas do passado e do presente.

---

[27] J. HABERMAS, "L'actualité de W. Benjamin", cit., 1, p. 112.

[28] Cito o belo texto de J.-M. GAGNEBIN, *História e narração em Walter Benjamin* (São Paulo, Perspectiva, 2004), p. 105 e sua nota 45, na mesma página: "'Deveriam crítica e profecia ser as categorias que se juntam na 'salvação' do passado?' pergunta Benjamin nas anotações às 'teses', *GS*, I-3, p. 1245".

[29] T. ADORNO, "Le progrès", *Modèles critiques* (Paris, Payot, 1964), p. 156 [ed. alemã: "Fortschritt", *Stichworte. Kritische Modelle II,* Frankfurt, Suhrkamp, 1969].

TESE III

O cronista que narra profusamente os acontecimentos, sem distinguir grandes e pequenos, leva com isso a verdade de que nada do que alguma vez aconteceu pode ser dado por perdido para a história. Certamente, só à humanidade redimida cabe o passado em sua inteireza. Isso quer dizer: só à humanidade redimida o seu passado tornou-se citável em cada um dos seus instantes. Cada um dos instantes vividos por ela torna-se uma citation à l'ordre du jour* *– dia que é justamente, o do Juízo Final.*

Existe uma ligação direta entre essa tese e a anterior: ela é uma inversão simétrica e complementar da outra. O passado espera de nós sua redenção, e somente a uma humanidade redimida "cabe o passado em sua inteireza". Mais uma vez, a rememoração está no cerne da relação teológica com o passado e da própria definição de *Erlösung*. A redenção exige a rememoração integral do passado, sem fazer distinção entre os acontecimentos ou os indivíduos "grandes" e "pequenos". Enquanto os sofrimentos de um único ser humano forem esquecidos, não poderá haver libertação. Trata-se, sem dúvida, do que as notas preparatórias designam como a história universal do mundo messiânico, do mundo da atualidade integral (*GS* I, 3, p. 1234-1235).

O exemplo do cronista para ilustrar essa exigência pode parecer mal escolhido: não é ele a figura paradigmática daquele que escreve a história do ponto de vista dos vencedores, dos reis, dos príncipes, dos imperadores? Mas Benjamin parece querer ignorar deliberadamente esse aspecto: escolheu o cronista porque ele representa essa história "integral" que ele afirma ser seu desejo: uma história que não exclui detalhe algum, acontecimento algum, mesmo que seja insignificante, e para a qual nada está "perdido". O escritor russo Lesskov, Franz Kafka e Anna Seghers são, a seus olhos, figuras modernas do cronista assim compreendido.

Irving Wohlfarth – um dos leitores mais perspicazes da obra de Benjamin – salienta, com toda a razão, que o cronista antecipa o Juízo Final, que recusa, como ele, toda discriminação – uma visão que lembra a doutrina, mencionada por Benjamin em seu ensaio sobre Lesskov, de certas correntes da Igreja ortodoxa para

---

* Em francês no texto: "citação na ordem do dia".

as quais todas as almas irão para o paraíso[30]. De fato, em "O narrador"[*] (1936), Benjamin evoca a simpatia de Lesskov pelas especulações origenistas relativas à *apocatástase*, ou seja, à salvação final de todas as almas, sem exceção. A redenção, o Juízo Final da tese III, é então uma apocatástase no sentido de que cada vítima do passado, cada tentativa de emancipação, por mais humilde e "pequena" que seja, será salva do esquecimento e "citada na ordem do dia", ou seja, reconhecida, honrada, rememorada.

Mas a apocatástase significa também, literalmente, a volta de todas as coisas a seu estado originário – no Evangelho, o restabelecimento do Paraíso pelo Messias. Trata-se da ideia da *Wiederbringung aller Dinge* (volta de todas as coisas) ou da *Versöhnende Rückkehr am Ende der Dinge* (volta reconciliada no final de todas as coisas) com que sonhava Lotze em *Mikrokosmos*[31]: a forma secreta ou misteriosa pela qual o progresso poderia integrar os espíritos dos ancestrais. Em outras palavras, trata-se da *restitutio ad integrum* [restituição integral] ou *restitutio ominium* [restituição do todo], de que já falava o *Theologisch-politisches Fragment* de Benjamin (1921). O equivalente judaico, messiânico e cabalístico da apocatástase cristã é, segundo Scholem em seu artigo "Cabala"[**] na *Encyclopaedia Judaica* (1932), o *tikkun*, a redenção como volta de todas as coisas a seu estado inicial[32]. Benjamin ficou profundamente impressionado com esse texto de

---

[30] I. WOHLFARTH, "On the messianic structure of Walter Benjamin's last reflections", *Glyph*, nº 3, Baltimor, 1978, p. 152.

[*] [Ed. bras.: "Os Pensadores", v. XLVIII, São Paulo, Abril Cultural, 1975, trad. do original alemão "Der Erzähler. Betrachtungen zum Werk Michail Lesskows" em *Über Literatur* (Frankfurt, Suhrkamp, 1969), p. 33-61, por Erwin Theodor Rosental].

[31] H. LOTZE, *Mikrokosmos. Ideen zur Naturgeschichte und Geschichte der Menschheit. Versuch einer Anthropologie*, 1923 (Leipzig, Verlag von S. Hirzel, 1864), v. 3, p. 51-2 e 56.

[**] "*Kabbala*" em G. SCHOLEM, *Walter Benjamin und sein Engel*, cit., p. 66-71 [ed. bras.: *Cabala*, Rio de Janeiro, A. Koogan, 1989].

[32] Segundo Scholem, o *tikkum* designa, na linguagem cabalística, a restituição, o restabelecimento da ordem cósmica prevista pela providência divina, graças à redenção messiânica. A destruição da força do mal e o *fim catastrófico da ordem histórica*, que são simplesmente *o outro lado da redenção*. O pecado original de Adão somente pode ser abolido pelo advento do Reino messiânico, graças ao qual

Scholem, que mencionou em uma carta de 15 de janeiro de 1933 a seu amigo: "Os raios desses estudos" desceram até as profundezas de seu "abismo do não saber"[33]. Na versão francesa da tese III, redigida pelo próprio Benjamin, trata-se da "humanidade restituída, salva, restabelecida" – três termos que remetem à apocatástase e ao *tikkun*.

O conceito de apocatástase, de Orígenes a Schleiermacher, passando por Grégoire de Nysse, Scot Erigène e pelos anabatistas, tem um duplo alcance: a *restitutio* do passado é ao mesmo tempo um *novum* [algo novo]. É exatamente o que escreve Scholem sobre a tradição messiânica judaica: ela é avivada pelo desejo de restabelecimento do estado originário das coisas e, ao mesmo tempo, por uma visão utópica do futuro, em uma espécie de iluminação mútua[34].

A dimensão utópica-revolucionária da apocatástase não está explicitamente presente na tese III, mas é sugerida em um parágrafo de *Das Passagen-Werk*. Benjamin cita uma crítica de Emmanuel Berl aos surrealistas: "Em vez de pegar o trem do mundo moderno", eles teriam tentado se recolocar "em um ambiente anterior ao marxismo, na época dos anos 1820, 1830 e 1840" do século XIX – uma referência evidente aos socialistas utópicos e/ou a Blanqui. Ora, para o autor de *Das Passagen-Werk*, essa recusa em "pegar o trem do mundo moderno" – uma expressão que só podia lhe suscitar o desprezo – é precisamente uma das grandes

---

as coisas voltarão a seu lugar inicial: *Ha-Shavat Kol ha-Devarim le-Havaiatam* – cujo equivalente cristão seria o conceito da apocatástase (*Encyclopaedia Judaica*, v. 9, 1932, p. 659-663, 697-698, 703).

[33] *Correspondance*, II, p. 76.

[34] G. SCHOLEM, *Le messianisme juif* (Paris, Calmann-Lévy, 1974), p. 25-7: "Nessa utopia orientada para a restauração, podem-se introduzir perspectivas... orientadas de fato para a ideia de um mundo messiânico inteiramente novo. Esse mundo inteiramente novo comporta ainda aspectos que derivam nitidamente do mundo antigo, mas esse próprio mundo antigo não é mais idêntico ao passado do mundo, é sobretudo um passado transformado e transfigurado pelo sonho brilhante da utopia."
No que diz respeito a Benjamin, J.-M. Gagnebin observa, com toda a razão, que o tema da *restitutio* ou da *apokatastasis* não é um simples projeto de restauração; é realmente uma retomada do passado "mas ao mesmo tempo – e porque o passado enquanto passado só pode voltar numa não identidade consigo mesmo – abertura para o futuro, inacabamento constitutivo" (*História e narração em Walter Benjamin*, cit., p. 14).

virtudes do Surrealismo, um movimento inspirado pelo "desejo da apocatástase, a decisão de reunir (*zusamensammeln*), de uma outra maneira, precisamente os elementos provenientes, 'muito cedo' ou 'muito tarde', do primeiro começo e da última decomposição, na ação revolucionária e no pensamento revolucionário". Rememoração dos combates esquecidos e salvamento das tentativas fora do tempo, a apocatástase dos momentos utópicos "perdidos" do socialismo não é uma operação contemplativa dos surrealistas: ela está a serviço da reflexão e da prática revolucionária do presente, aqui e agora – *jetzt!*

Para Benjamin, não se trata de substituir Marx pelo socialismo utópico: suas inúmeras referências ao materialismo histórico o demonstram suficientemente. Mas é questão de enriquecer a cultura revolucionária com todos os aspectos do passado portadores da esperança utópica. O marxismo não tem sentido se não for também o herdeiro e o executante testamentário de vários séculos de lutas e de sonhos de emancipação.

TESE IV

"Buscai, primeiro, o de quê comer e
vestir, e o reino de Deus vos advirá por si."
Hegel, 1807.

A luta de classes, que um historiador escolado em Marx tem sempre diante dos olhos, é uma luta pelas coisas brutas e materiais, sem as quais não há coisas finas e espirituais. Apesar disso, estas últimas estão presentes na luta de classes de outra maneira que a da representação de uma presa que toca ao vencedor. Elas estão vivas nessa luta como confiança, como coragem, como humor, como astúcia, como tenacidade, e elas retroagem ao fundo longínquo do tempo. Elas porão incessantemente em questão cada vitória que couber aos dominantes. Como flores que voltam suas corolas para o sol, assim o que foi aspira, por um secreto heliotropismo, a voltar-se para o sol que está a se levantar no céu da história. Essa mudança, a mais imperceptível de todas, o materialista histórico tem que saber discernir.[35]

Comecemos pelo texto de Hegel – inversão irônica de uma passagem bem conhecida do Evangelho cristão: ilustra maravilhosamente o método benjaminiano de citação, que consiste em retirar do autor seu texto como um ladrão que age nas estradas e se apropria das joias de um rico viajante. A passagem é literalmente tirada de seu contexto. Hegel, o grande filósofo idealista, testemunha aqui o materialismo mais elementar...

Ao mesmo tempo, a epígrafe liga a tese IV às duas anteriores, ou seja, ao tema da redenção: nada de salvação sem transformações revolucionárias da vida material. O conceito de Reino de Deus que aparece aqui lembra o de Thomas Münzer, tal como Friedrich Engels o apresenta em seu *Der deutsche Bauernkrieg* [A guerra dos camponeses] (1850): "Para Münzer, o reino de Deus era simplesmente uma sociedade em que não haveria mais nenhuma diferença de classes, nenhuma propriedade privada, nenhum poder de Estado estrangeiro autônomo se opondo aos membros da sociedade."[36] Sem isso, Benjamin não chegaria a secularizar tão integralmente a dimensão teológica do conceito.

---

[35] A citação de Hegel encontra-se em uma carta de 30 de agosto de 1807 ao major Knebel.

[36] F. ENGELS, "La guerre des paysans" em *La révolution démocratique bourgeoise en Allemagne* (Paris, Éditions Sociales, 1951), p. 53.

O materialismo histórico – "a escola de Marx" – que aqui, obviamente, é reinterpretado por Benjamin, em suas próprias palavras, trata-se de uma versão heterodoxa, herética, idiossincrática, inclassificável. De certa maneira, nesse caso, Benjamin está próximo de Brecht: como ele, insiste na prioridade das coisas "brutas e materiais". "Em primeiro lugar, a comida, depois a moral", cantam os personagens de *A ópera dos três vinténs*[*]. Todavia, ao contrário de seu amigo, Benjamin atribui uma importância capital às forças espirituais e morais na luta de classes: a fé – tradução benjaminiana da palavra *Zuversicht* – a coragem, a perseverança. A lista das qualidades espirituais inclui também duas que são perfeitamente "brechtianas": o humor e sobretudo *a astúcia* dos oprimidos.

Existe, então, em Benjamin, uma dialética do material e do espiritual na luta de classes que vai além do modelo bem mecanicista da infraestrutura e da superestrutura: o que está em jogo na luta é material, mas a motivação dos atores sociais é espiritual. Se não fosse estimulada por algumas qualidades morais, a classe dominada não conseguiria lutar por sua libertação.

Tentemos circunscrever mais de perto o marxismo benjaminiano. O conceito mais importante do materialismo histórico não é, para ele, o materialismo filosófico abstrato: é a *luta de classes*. É ela "que um historiador escolado em Marx tem sempre diante dos olhos". É ela que permite compreender o presente, o passado e o futuro, assim como sua ligação secreta. Ela é o lugar em que teoria e práxis coincidem – e sabe-se que foi essa coincidência que atraiu Benjamin, pela primeira vez, para o marxismo, quando leu *História e consciência de classe* de Lukács em 1924[37].

Embora quase todos os marxistas se refiram à luta de classes, poucos lhe dão uma atenção tão apaixonada, tão intensa, tão exclusiva quanto Walter Benjamin. O que lhe interessa, no passado, não é o desenvolvimento das forças produtivas, a contradição entre forças e relações produtivas, as formas de propriedade ou do Estado, a evolução dos modos de produção – temas essenciais da obra de Marx – mas a luta até a morte entre opressores e oprimidos, exploradores e explorados, dominantes e dominados.

---

[*] *"Die Dreigroschenoper"* [ed. bras.: "A ópera dos três vinténs" em *Teatro completo*, São Paulo, Paz e Terra, 2004, v. 2].

[37] Carta a G. Scholem, 16 de setembro de 1924, *Correspondance*, I, p. 325.

Assim, a história lhe parece uma sucessão de vitórias dos poderosos. O poder de uma classe dominante não resulta simplesmente de sua força econômica e política ou da distribuição da propriedade, ou das transformações do sistema produtivo: pressupõe sempre um triunfo histórico no combate às classes subalternas. Contra a visão evolucionista da história como acumulação de "conquistas", como "progresso" para cada vez mais liberdade, racionalidade ou civilização, ele a percebe "de baixo", do lado dos vencidos, como uma série de vitórias de classes reinantes. Sua formulação se distingue também, de maneira muito evidente, da célebre frase de Marx e Engels no *Manifesto Comunista**, que enfatiza a vitória das classes revolucionárias no curso da história – salvo no caso excepcional da "ruína comum das classes em luta".

No entanto, cada novo combate dos oprimidos coloca em questão não só a dominação presente, mas também as vitórias do passado. As coisas finas e espirituais da luta atual "retroagem" ao passado longínquo – o "fundo longínquo do tempo". O passado é iluminado pela luz dos combates de hoje, pelo sol que se levanta no céu da história. A metáfora do sol era uma imagem tradicional do movimento operário alemão: *"Brüder, zu Sonne, zur Freiheit"* (Irmãos, rumo ao sol, rumo à liberdade), proclamava o velho hino do partido social-democrata. Mas tratava-se do sol do futuro que ilumina o presente. Aqui, graças ao sol do presente, o significado do passado se transforma para nós. Assim como, no exemplo citado acima, Thomas Münzer e a guerra dos camponeses no século XVI foram reinterpretados por Friedrich Engels – e, mais tarde, por Ernst Bloch – à luz dos combates do movimento operário moderno[38].

As lutas atuais colocam em questão as vitórias históricas dos opressores, porque minam a legitimidade do poder das classes dominantes, antigas e atuais. Benjamin se opõe, nesse caso, implicitamente, a uma certa concepção evolucionista do marxismo – já presente em algumas passagens de Marx (entre

---

* *Manifest der Kommunistischen Partei*, 1848 [ed. bras.: *Manifesto Comunista*, São Paulo, Boitempo, 1998].

[38] Curiosamente, nas notas preparatórias, Benjamin parece rejeitar a possibilidade de que a guerra dos camponeses sirva de referência histórica às lutas operárias modernas. Ele não se refere a F. Engels ou a E. Bloch, mas à obra do historiador Zimmerman (*GS* I, 3, p. 1236). Mas essa observação não foi integrada às teses: teria mudado de opinião?

outras, no *Manifesto Comunista* e nos artigos sobre a Índia dos anos 1850) – que justifica as vitórias da burguesia no passado pelas leis da história, a necessidade de desenvolver as forças produtivas ou a imaturidade das condições para a emancipação social.

A relação entre hoje e ontem não é unilateral: em um processo eminentemente dialético, o presente ilumina o passado, e o passado iluminado torna-se uma força no presente. Os antigos combates se voltam "para o sol que está a se levantar" mas, uma vez tocados por essa claridade, alimentam a consciência de classe daqueles que sublevam hoje. Nesse caso, o "sol" não é, como na tradição da esquerda "progressista", o símbolo do acontecimento necessário, inevitável e "natural" de um mundo novo[39], mas da própria luta e da utopia que a inspira.

<hr />

[39] Segundo Plekhanov, a vitória do programa socialista é tão inevitável quanto o nascimento do sol amanhã...

TESE V

A verdadeira imagem do passado passa célere e furtiva. *É somente como imagem que lampeja justamente no instante de sua recognoscibilidade, para nunca mais ser vista, que o passado tem de ser capturado. "A verdade não nos escapará" – essa frase de Gottfried Keller indica, na imagem que o Historicismo faz da história, exatamente o ponto em que ela é batida em brecha pelo materialismo histórico. Pois é uma imagem irrestituível do passado que ameaça desaparecer com cada presente que não se reconhece como nela visado.*[40]

Uma primeira versão da tese V já se encontra no ensaio sobre Fuchs de 1936: contra a atitude contemplativa do historiador tradicional, Benjamin enfatiza o engajamento ativo do adepto do materialismo histórico. Seu objetivo é descobrir a constelação crítica que um fragmento do passado forma precisamente com um momento do presente. A dimensão política e ativa dessa relação com o passado é explicitada em uma das nossas notas preparatórias da tese: "Esse conceito [do presente] cria entre a escrita da história e a política uma conexão, idêntica àquela, teológica, entre a rememoração e a redenção. Esse presente se traduz em imagens que podem ser chamadas de dialéticas. Elas representam uma intervenção salvadora (*rettenden Einfall*) da humanidade" (*GS* I, 3, p. 1248). Reencontramos a ideia paradoxal – mas essencial à atitude intelectual de Benjamin – de uma espécie de identidade entre certos conceitos teológicos e seus equivalentes profanos, revolucionários. Por outro lado, não convém perder de vista que "a intervenção salvadora" tem por objeto tanto o passado quanto o presente: história e política, rememoração e redenção são inseparáveis.

---

[40] Há um período no final que figura somente em algumas variantes das teses (cf. *GS* I, 3, p. 1247-1248) – "A boa nova, que traz ofegante o historiador do passado, sai de uma boca que, talvez, no momento em que se abre, já fala no vazio". Além disso, a versão francesa redigida por Benjamin se distingue por uma referência a Dante: "A verdade imóvel, que só espera o pesquisador, não corresponde de maneira alguma ao conceito de verdade em matéria de história. Ela se apoia muito mais no verso de Dante que diz: Trata-se de uma imagem única, insubstituível, do passado, que se esvaiu com cada presente que não soube se reconhecer visado por ela" (*GS* I, 2, p. 1261).

O conceito de "dialética" é, aqui, extraído por Benjamin da linguagem hegeliana-marxista: ele tenta dar conta da natureza de uma imagem "salvadora" que se propõe à superação – *Aufhebung* – das contradições entre o passado e o presente, a teoria e a prática.

Um exemplo – que não é de Benjamin – permite esclarecer a tese V. A imagem dialética de "revolução permanente", formulada por Trotski em 1905-1906, era baseada na percepção de uma constelação crítica entre a revolução russa de 1905 e a Comuna de Paris de 1871. Mas essa imagem fugaz, que "lampeja justamente no instante de sua recognoscibilidade" para o historiador/ator político, foi perdida. O movimento operário russo da época não se viu envolvido com a Comuna de Paris: tanto os mencheviques quanto os bolcheviques – ver os escritos de Lenin em 1905 – rejeitavam explicitamente a referência à Comuna, criticada por ter "confundido a revolução democrática e o proletariado"[41]. A feliz mensagem que o historiador/militante manifestou, "até cansar", do passado caiu no vazio. Será preciso esperar uma dúzia de anos para que, com as "teses de abril" de Lenin – que invocam o paradigma da Comuna de 1871 –, possa surgir uma nova constelação, dessa vez com êxito.

Um comentário esclarecedor de Jeanne Marie Gagnebin sobre a "história aberta" de Benjamin se aplica exatamente à tese V: Benjamin compartilhava com Proust a "preocupação de salvar o passado no presente, graças à percepção de uma semelhança que transforma os dois. Transforma o passado porque este assume uma nova forma, que poderia ter desaparecido no esquecimento; transforma o presente porque este se revela como a realização possível da promessa anterior – uma promessa que poderia se perder para sempre, que ainda pode ser perdida se não for descoberta inscrita nas linhas atuais"[42].

---

[41] Em *Les deux tactiques de la social-démocratie dans la révolution démocratique* (1905), Lenin observa que a Comuna foi um governo operário "que não sabia e não podia distinguir entre os elementos das revoluções democrática e socialista, que confundia as tarefas da luta pela república com as tarefas da luta pelo socialismo [...] Em poucas palavras [...]: foi um governo *como não deve ser o nosso*" (grifos de V. I. Lenin). Em: V. LÉNINE, *Oeuvres* (Moscou, Éd. Du Progrès, 1996), t. 9, p. 77. A expressão "o nosso" se refere ao futuro governo russo democrático revolucionário que Lenin afirmava ser seu desejo.

[42] J. M. GAGNEBIN, "W. Benjamin ou a história aberta", prefácio a W. BENJAMIN, *Obras escolhidas I* (São Paulo, Brasiliense, 1985), p. 16.

Krista Greffrath observa que essa tese significa, de fato, a historicização mais radical da verdade histórica: a própria imagem real do passado é submetida ao processo histórico. Enquanto a história não para, não se pode dizer a última palavra sobre o passado. Essa interpretação é interessante, mas extremamente restritiva: limita a *Rettung* [salvação] ao domínio historiográfico, e esquece o da intervenção política. Ora, como vimos, os dois são estritamente inseparáveis para Benjamin[43].

Uma objeção a essa concepção "política" do passado merece ser levada em conta: será que ela não corre o risco de levar a uma revisão "orwelliana" do passado, em função das necessidades políticas atuais de um aparelho ou de um Estado totalitário – como já demonstrou copiosamente a prática stalinista na URSS do final dos anos 1930? No entanto, o argumento de Benjamin se distingue radicalmente desse modelo totalitário em vários aspectos:

a) para ele, não se trata, em momento algum, de se pretender um monopólio da verdade histórica e, menos ainda, de impô-la a toda a sociedade;

b) enquanto o aparelho stalinista afirma deter uma verdade imutável, definitiva e fixada de uma vez por todas, ao negar qualquer mudança passada ou futura, Benjamin fala de uma imagem célere e furtiva, visível apenas no "tempo de um relâmpago";

c) para Benjamin, não há lugar para um aparelho ou um Estado que exerça uma hegemonia ideológica: o historiador é um *indivíduo* que corre sempre o risco de não ser compreendido em sua época.

---

[43] Cf. K. GREFFRATH, "Der historischer Materialist als dialektischer Historiker" em P. BULTHAUPT (org.), *Materialien zu Benjamins Thesen*, cit., p. 226.

TESE VI

Articular o passado historicamente não significa conhecê-lo "tal como ele propriamente foi". Significa apoderar-se de uma lembrança tal como ela lampeja num instante de perigo. Importa ao materialismo histórico capturar uma imagem do passado como ela inesperadamente se coloca para o sujeito histórico no instante do perigo. O perigo ameaça tanto o conteúdo dado da tradição quanto os seus destinatários. Para ambos o perigo é único e o mesmo: deixar-se transformar em instrumento da classe dominante. Em cada época é preciso tentar arrancar a transmissão da tradição ao conformismo que está na iminência de subjugá-la. Pois o Messias não vem somente como redentor; ele vem como vencedor do Anticristo. O dom de atear ao passado a centelha da esperança pertence somente àquele historiador que está perpassado pela convicção de que também os mortos não estarão seguros diante do inimigo, se ele for vitorioso. E esse inimigo não tem cessado de vencer.

A tese começa rejeitando a concepção historicista/positivista da história, representada pela célebre frase de Ranke, historiador prussiano conformista e conservador: a tarefa do historiador seria, simplesmente, de representar o passado "tal como ele propriamente foi". O pretenso historiador neutro, que acede diretamente aos fatos "reais", na verdade apenas confirma a visão dos vencedores, dos reis, dos papas, dos imperadores – tema privilegiado na historiografia de Ranke – de todas as épocas.

O momento de perigo para o sujeito histórico – ou seja, para as classes oprimidas (e para o historiador que optou por este campo) – é aquele em que surge a imagem autêntica do passado. Por quê? Provavelmente porque nesse momento se dissolve a visão confortável e preguiçosa da história como "progresso" ininterrupto. O perigo de uma derrota atual aguça a sensibilidade pelas anteriores, suscita o interesse dos vencidos pelo combate, estimula um olhar crítico voltado para a história. Benjamin talvez pense também em sua própria situação: não foi o perigo iminente em que ele se encontrava em 1939-1940 – prisão, internação nos campos de concentração, entrega pelas autoridades vichystas à Gestapo – que provocou a visão singular, única mesmo, do passado que emana das teses "Sobre o conceito de história"?

No momento do perigo, quando a imagem dialética "lampeja", o historiador – ou o revolucionário – deve dar prova de presença de espírito

(*Geistesgegenwart*) para captar esse momento único, essa ocasião fugaz e precária de salvação (*Rettung*), antes que seja demasiadamente tarde (*GS* I, 3, p. 1242). Porque, como enfatiza a versão francesa de Benjamin, essa lembrança, que se apresenta num instante de um perigo, pode ser precisamente o que "o salva" (*GS* I, 2, p. 1263).

O perigo é duplo: transformar tanto a história do passado – a tradição dos oprimidos – quanto o sujeito histórico atual – as classes dominadas, "novos destinatários" dessa tradição – em instrumento nas mãos das classes dominantes. Extirpar a tradição ao conformismo que se quer dominar é restituir à história – por exemplo a da Revolução Francesa ou a de 1848 – sua dimensão de subversão da ordem estabelecida, edulcorada, obliterada ou negada pelos historiadores "oficiais". Somente assim o adepto do materialismo histórico pode "atear ao passado a centelha da esperança" – uma centelha que pode incendiar a pólvora *no presente*.

O historiador revolucionário sabe que a vitória do inimigo atual ameaça até os mortos – não necessariamente da forma primitiva e grosseira como a restauração monárquica dos Stuarts maltratou as ossadas de Cromwell, mas pela falsificação ou pelo esquecimento de seus combates. Ora, "esse inimigo não tem cessado de vencer": do ponto de vista dos oprimidos, o passado não é uma acumulação gradual de conquistas, como na historiografia "progressista", mas sobretudo uma série interminável de derrotas catastróficas; esmagamento da sublevação dos escravos contra Roma, da revolta dos camponeses anabatistas no século XVI, de junho de 1848, da Comuna de Paris e da insurreição spartakista em Berlim em 1919.

Mas não se trata apenas do passado: em sua própria tradução francesa, Benjamin escreve: "Nessa hora, o inimigo ainda não acabou de triunfar." A hora era, em 1940, a "meia-noite no século" – para retomar a bela expressão de Victor Serge. As vitórias do inimigo foram monumentais: derrota da Espanha republicana, pacto alemão-soviético, ocupação da Europa pelo III Reich.

Aquele inimigo, Benjamin conhecia bem: o *fascismo*. Ele representa, para os oprimidos, o perigo supremo, o maior a que já foram expostos na história: a segunda morte das vítimas do passado e o massacre de todos os adversários do regime. A falsificação, em escala sem precedentes, do passado, e a transformação das massas populares em instrumento das classes dominantes. Obviamente,

Meissonnier, *La barricade*.

apesar de sua vocação de Cassandra e seu pessimismo radical, Benjamin não podia prever Auschwitz...

Em uma nota redigida para a conferência de Pontigny sobre Baudelaire (1939), Benjamin observou que as multidões hoje são "manipuladas pelas mãos dos ditadores". Mas não se desespera ao "ver, nessas multidões dominadas, núcleos de resistência – núcleos que formaram as massas revolucionárias de 1848 e os partidários da Comuna"[44]. Em outras palavras: em um momento de perigo supremo apresenta-se uma constelação salvadora que liga o presente ao passado. Um passado em que brilha, apesar de tudo, na sombra da noite do fascismo triunfante, a estrela da esperança, a estrela messiânica da redenção – *Der Stern der Erlösung* de Franz Rosenzweig – a centelha da sublevação revolucionária.

Ora, escreve Benjamin, "o Messias não vem somente como redentor; ele vem como o vencedor do Anticristo". Comentando essa passagem, Tiedemann constata um paradoxo surpreendente: "Em nenhum outro lugar Benjamin fala de modo tão diretamente teológico quanto aqui, mas em nenhum outro lugar ele tem uma intenção tão materialista." É preciso reconhecer, no Messias, a classe proletária e no Anticristo as classes dominantes[45].

A observação é pertinente, mas poderíamos acrescentar, para uma maior precisão: o equivalente – o "correspondente" – profano do Messias são os núcleos de resistência antifascista, as futuras massas revolucionárias herdeiras da tradição de junho de 1848 e de abril-maio de 1871. Quanto ao Anticristo – um teologúmeno cristão que Benjamin não hesita em integrar a seu argumento messiânico de inspiração explicitamente judaica – seu homólogo secular é, sem dúvida alguma, o III Reich hitlerista.

Em uma análise de 1938 do romance de Anna Seghers, *Die Rettung* [A salvação] – que conta a história de um dos núcleos de resistentes comunistas na Alemanha nazista – Benjamin escreve: "O III Reich parodia o socialismo como o Anticristo parodia a promessa messiânica"[46]. Para esboçar esse paralelo surpreendente, ele se inspirou em escritos de seu amigo, o teólogo protestante e socialista revolucionário suíço Fritz Lieb, que havia definido

---

[44] W. BENJAMIN, "Notes sur les Tableaux parisiens de Baudelaire", 1939, *GS* I, 2, p. 748.

[45] R. TIEDEMANN, "Historischer Materialismus oder politischer Messianismus? Politische Gehalte in der Geschichtsphilosophie Walter Benjamins", em P. BULTHAUP (org.), *Materialien zu Benjamins Thesen*, cit., p. 93-4.

[46] W. BENJAMIN, "Eine Chronik der deutschen Arbeitslosen", *GS* III, p. 539.

o nazismo, desde 1934, como Anticristo moderno. Em uma conferência de 1938, Lieb expressara sua esperança de ver a derrota do Anticristo em um último combate contra os judeus, que assistiria à aparição do Messias – o Cristo – e ao estabelecimento de seu Reino milenar[47].

---

[47] C. KAMBAS, "Wider den 'Geist der Zeit'. Die antifaschistische Politik Fritz Liebs und Walter Benjamins" em J. TAUBES (org.), *Der Fürst dieser Welt, Carl Schmitt und die Folgen* (Munique, Fink, 1983) p. 582-3. Lieb e Benjamin compartilhavam da convicção de que era preciso resistir ao fascismo com armas na mão.

TESE VII

"Considerai a escuridão e o frio intenso
Neste vale, onde ressoam lamentos."
Brecht, *A ópera dos três vinténs.*

Ao historiador que quiser reviver uma época, Fustel de Coulanges recomenda banir de sua cabeça tudo o que saiba do curso ulterior da história. Não se poderia caracterizar melhor o procedimento com o qual o materialismo histórico rompeu. É um procedimento de identificação afetiva. Sua origem é a indolência do coração, a acedia, que hesita em apoderar-se da imagem histórica autêntica que lampeja fugaz. Para os teólogos da Idade Média ela contava como o fundamento originário da tristeza. Flaubert, que bem a conhecera, escreve: "Peu de gens devineront combien il a fallu être triste pour ressusciter Carthage."* A natureza dessa tristeza torna-se mais nítida quando se levanta a questão de saber com quem, afinal, propriamente o historiador do Historicismo se identifica afetivamente? A resposta é, inegavelmente: com o vencedor. Ora, os dominantes de turno são os herdeiros de todos os que, algum dia, venceram. A identificação afetiva com o vencedor ocorre, portanto, sempre, em proveito dos vencedores de turno. Isso diz o suficiente para o materialismo histórico. Todo aquele que, até hoje, obteve a vitória, marcha junto no cortejo de triunfo que conduz os dominantes de hoje [a marcharem] por cima dos que, hoje, jazem por terra. A presa, como sempre de costume, é conduzida no cortejo triunfante. Chamam-na bens culturais. Eles terão de contar, no materialismo histórico, com um observador distanciado, pois o que ele, com seu olhar, abarca como bens culturais atesta, sem exceção, uma proveniência que ele não pode considerar sem horror. Sua existência não se deve somente ao esforço dos grandes gênios, seus criadores, mas, também, à corveia sem nome de seus contemporâneos. Nunca há um documento da cultura que não seja, ao mesmo tempo, um documento da barbárie. E, assim como ele não está livre da barbárie, também não o está o processo de sua transmissão, transmissão na qual ele passou de um vencedor a outro. Por isso, o materialista histórico, na medida do possível, se afasta dessa transmissão. Ele considera como sua tarefa escovar a história a contrapelo.

---

* "Poucas pessoas serão capazes de imaginar como foi preciso estar triste para ressuscitar Cartago."

A polêmica contra Fustel de Coulanges – historiador francês positivista e reacionário do século XIX[48] – continua a das teses anteriores contra Ranke e o historicismo alemão: o passado pode ser compreendido somente à luz do presente, sua imagem verdadeira é célere e furtiva – "lampeja". Mas Benjamin introduz, aqui, um conceito novo: a *Einfühlung*, cujo equivalente mais próximo seria a empatia, mas que ele próprio traduzira por "identificação afetiva". Ele acusa o historicismo de identificação com os vencedores. Evidentemente, o termo "vencedor" não se refere, aqui, às batalhas ou às guerras comuns, mas à "guerra das classes", em que um dos campos, a classe dirigente, não cessou de vencer os oprimidos – desde Spartacus, o gladiador rebelde, até o *Spartakusbund* (Liga Espartaquista) de Rosa Luxemburgo, e desde o *Imperium* romano até o *Tertium Imperium* hitlerista.

A origem da empatia que se identifica com o cortejo dos dominadores encontra-se, segundo Benjamin, na *acedia*, termo latino que designa a indolência do coração, a melancolia. Por quê? Qual é a relação entre a *acedia* e a *Einfühlung*? A tese VII não a explica de maneira alguma, mas é possível encontrar a chave do problema em *Origem do drama barroco alemão* (1925): a *acedia* é o sentimento melancólico da todo-poderosa fatalidade, que priva as atividades humanas de qualquer valor. Consequentemente, ela leva a uma submissão total à ordem das coisas que existem. Enquanto meditação profunda e melancólica, ela se sente atraída pela majestade solene do cortejo dos poderosos. O melancólico, por excelência, dominado pela indolência do coração – a *acedia* – é o cortesão. A traição lhe é habitual porque sua submissão ao destino o faz sempre se juntar ao campo do vencedor[49].

---

[48] Numa Denis Fustel de Coulanges (1830-1899) era um adversário declarado da democracia e da República. Defensor da família, da religião e da propriedade, recusa-se a aceitar o sufrágio universal, que considera responsável pelo fim do Império, pela derrota de 1870 e pela Comuna. Positivista, considerava que "a história é ciência pura, uma ciência como a física ou como a geologia". Cf. C. DELACROIX; F. DOSSE; P. GARCIA, *Les courants historiques en France, XIXᵉ-XXᵉ siècles* (Paris, Armand Colin, 1999), p. 73-6 e F. HARTOG, *Le XIXᵉ siècle et l'histoire: le cas Fustel de Coulanges* (Paris, PUF, 1988), p. 341-2.

[49] W. BENJAMIN, *Les origines du drame baroque allemand* (Paris, Flammarion, 1985), p. 150, 151, 167. [Ed. bras.: *Origem do drama barroco alemão*, São Paulo, Brasiliense, 1984, trad. Sérgio Paulo Rouanet.]

O equivalente moderno do cortesão barroco é o historiador conformista. Ele também opta sempre pela identificação objetiva com o cortejo triunfante dos dominantes. O grande historiador Von Sybel, discípulo de Ranke, não hesitava em proclamar que, aos olhos do historiador, o sucesso é "o juiz supremo... e a instância direta de decisão". Essa postura não é apanágio da historiografia alemã: Benjamin cita Fustel de Coulanges. Ele poderia ter mencionado também Victor Cousin que, em sua *Introduction à l'histoire de la philosophie* [Introdução à história da filosofia] (1828) desenvolve uma impressionante "filosofia dos vencedores", que associa a uma elegância admirável, ao sucesso e à "moralidade":

> Eu absolvo a vitória como necessária e útil; eu me disponho a absolvê-la, agora, como justa, no sentido mais estrito da palavra; eu me disponho a demonstrar a moralidade do sucesso. Normalmente, só se vê no sucesso o triunfo da força, e uma espécie de simpatia sentimental nos leva em direção ao vencido; espero ter demonstrado que, uma vez que é preciso haver sempre um vencido, e que o vencedor é sempre quem deve sê-lo, é preciso provar que o vencedor não só serve à civilização, mas é melhor, mais moral, e que, por isso, é o vencedor. Se não fosse assim, haveria contradição entre a moralidade e a civilização, o que é impossível, já que uma e outra são apenas dois lados, dois elementos distintos, mas harmoniosos da mesma ideia.[50]

É precisamente contra esse historicismo servil que Benjamin se subleva, ao propor "escovar a história a contrapelo". Ele se inspira, aqui, sem dúvida alguma, no primeiro Nietzsche, aquele da *Segunda consideração intempestiva: da utilidade e desvantagem da história para a vida*[*] (1873), obra lida, admirada e citada (inclusive nas teses) por Benjamin.

Nietzsche simplesmente sentia desprezo pelos historiadores que "nadam e se afogam no rio do futuro", que praticam "a admiração nua do sucesso" (*nackte*

---

[50] V. Cousin, *Cours de philosophie. Introduction à la philosophie de l'histoire*, 1828 (Paris, Fayard, 1991), p. 242, citado por M. Riot-Sarcey, *Le réel et l'utopie: essai sur le politique du XIXᵉ siècle* (Paris, Albin Michel, 1998), p. 44.

[*] *Unzeitgemäße Betrachtungen: Zwlites Stück:Vom Nutzen und Nachteil der Historie für das Leben* [ed. bras.: *Segunda consideração intempestiva: da utilidade e desvantagem da história para a vida*, Rio de Janeiro, Relume-Dumará, 2003].

Bewunderung des Erfolges) e "a idolatria do factual" (*Götzendienst des Tatsächliches*); em suma, que dizem sempre "sim" com a cabeça para todo poder, de maneira "chinesa mecânica". Para ele, o diabo é o verdadeiro senhor do sucesso e do progresso: a virtude, para o historiador, consiste em se opor à tirania do real, a "nadar contra as ondas da história" e em saber lutar contra elas[51].

Benjamin compartilhava inteiramente desses sentimentos e neles inspirou sua recusa a imitar os que acariciam em seu sentido "o pelo muito luzidio" – expressão irônica que utiliza em sua tradução da tese VII – da história. A diferença decisiva entre os dois é que a crítica de Nietzsche é feita em nome do indivíduo rebelde, o herói – mais tarde, o super-homem. A de Benjamin, ao contrário, é solidária aos que caíram sob as rodas de carruagens majestosas e magníficas denominadas Civilização, Progresso e Modernidade.

Escovar a história a contrapelo – expressão de um formidável alcance historiográfico e político – significa, então, em primeiro lugar, a recusa em se juntar, de uma maneira ou de outra, ao cortejo triunfal que continua, ainda hoje, a marchar sobre daqueles que jazem por terra. Pensa-se nessas alegorias barrocas do triunfo, que representam os príncipes no alto de uma magnífica carruagem imperial, às vezes seguidos por prisioneiros e arcas transbordando de ouro e de joias; ou nesta outra imagem, que aparece em Marx para descrever o capital: *Juggernaut*, a divindade hindu instalada em uma imensa carruagem, sob as rodas da qual são lançadas crianças destinadas ao sacrifício. Mas o antigo modelo, presente no espírito de todos os judeus, é o Arco de Tito em Roma, que representa o cortejo triunfal dos vencedores romanos contra a sublevação dos hebreus, portando os tesouros pilhados no Templo de Jerusalém[52].

---

[51] F. NIETZSCHE, *Unzeitgemäße Betrachtungen: Zwlites Stück:Vom Nutzen und Nachteil der Histoire für das Leben* (Stuttgart, Reclam, 1982), p. 81, 83, 84, 96.

[52] Como Brecht em seu romance *Os negócios do Senhor Júlio César* ou na peça *O julgamento de Luculus*, Benjamin estava interessado nos paralelos entre os imperialismos romano e o moderno [ed. bras.: *Os negócios do Senhor Júlio César*, Rio de Janeiro, Rocco, 1986; "O julgamento de Luculus" em *Teatro completo*, São Paulo, Paz e Terra, 1992, v. 7]. Brecht pensava – provavelmente sem razão – que as teses de Benjamin haviam sido influenciadas pela leitura de seu romance sobre César (cf. B. BRECHT, *Arbeitsjournal*, cit., p. 294).

Como sempre, para Benjamin, o imperativo "escovar a história a contrapelo" tem duplo significado:

a) histórico: trata-se de ir contra a corrente da versão oficial da história, opondo-lhe a tradição dos oprimidos. Desse ponto de vista, entende-se a continuidade histórica das classes dominantes como um único e enorme cortejo triunfal, ocasionalmente interrompido por sublevações das classes subalternas;

b) político (atual): a redenção/revolução não acontecerá graças ao curso natural das coisas, o "sentido da história", o progresso inevitável. Será necessário lutar contra a corrente. Deixada à própria sorte, ou acariciada no sentido do pelo, a história somente produzirá novas guerras, novas catástrofes, novas formas de barbárie e de opressão.

Escola de Mantegna, *El triunfo del César*, século XV.

Arco di Tito [Arco de triunfo de Tito],
Foro Romano, 96 d.C., gravura em cobre, século XVIII.

Encontramos aqui o pessimismo revolucionário de Benjamin – que, em seu artigo sobre o Surrealismo (1929), referia-se à urgente necessidade de "organizar o pessimismo" – oposto tanto ao fatalismo melancólico da "indolência do coração" quanto ao fatalismo otimista da esquerda oficial – social-democrata ou comunista – certa da vitória "inelutável" das "forças progressistas".

A reflexão de Benjamin trata também do outro lado (o bárbaro) da medalha brilhante e dourada da cultura, esse troféu que passa de vencedor para vencedor, como o candelabro de sete braços, o menorá do Templo de Jerusalém, no mesmo alto-relevo do Arco de Tito. Em vez de opor a cultura (ou a civilização) e a barbárie como dois polos que se excluem mutuamente, ou como etapas diferentes da evolução histórica – dois *leitmotive* clássicos da filosofia do Iluminismo – Benjamin os apresenta dialeticamente como uma unidade contraditória.

Os Arcos de Triunfo são um exemplo notável de documentos da cultura que são, ao mesmo tempo, e indissoluvelmente, documentos da barbárie que celebram a guerra e o massacre. O interesse que Benjamin tem por esse tipo de arquitetura, em sua origem na Roma antiga, em sua função política e ideológica, é confirmado em *Das Passagen-Werk*[53]. Em *Infância em Berlim*,

---

[53] Encontram-se em *Das Passagen-Werk* várias referências ao livro de F. NOACKS, *Triumph und Triumphbogen*, publicado em 1928 pela biblioteca Warburg de Leipzig (*GS* V, 1, p. 150-2), aos poemas de Victor Hugo sobre o Arco do Triunfo (p. 149, 154-5), assim como uma citação de Arsène Houssaye, que descreve Napoleão III entrando em Paris sob "dois mil arcos de triunfo" (p. 199).

há uma descrição aterrorizante da *Siegessäule*, a coluna triunfal, que ressalta o contraste entre a graça da estátua da Vitória que coroa o monumento e os tenebrosos afrescos de sua parte baixa que representam – na imaginação da criança – cenas nas quais "grupos de homens", fustigados por turbilhões de vento, solidificados em blocos de gelo, lançados em um escuro precipício, sofrem como os condenados no Inferno de Dante, da maneira que Gustave

Gustave Doré, "Les luxurieux" [Os luxuriosos],
ilustração para o Inferno da *Divina comédia*, 1861.

Doré[54] os desenhou. Essa descrição apresenta um paralelo impressionante com o poema de Brecht que abre a tese VII.

A dialética entre a cultura e a barbárie vale também para muitas outras obras de prestígio produzidas pela "corveia sem nome" dos oprimidos, desde as pirâmides do Egito, construídas pelos escravos hebreus até o palácio da Ópera, erguido no império de Napoleão III pelos operários vencidos em junho de 1848. Encontramos, nessa tese, a imagem invertida de um tema caro a Nietzsche: as grandes obras de arte e de civilização – exatamente do mesmo modo que as pirâmides – somente podem ser feitas à custa dos sofrimentos e da escravidão da multidão. Trata-se, para o filósofo de Sils-Maria, de um sacrifício inevitável e necessário.

Ao escrever esse texto, sem dúvida, Benjamin pensava no poema irônico e irreverente de Brecht "Perguntas de um operário que lê" (1935):

> Quem construiu a Tebas de sete portas?
> Nos livros estão nomes de reis.
> Arrastaram eles os blocos de pedra?
> E a Babilônia várias vezes destruída –
> Quem a reconstruiu tantas vezes? (...)
> A grande Roma está cheia de arcos do triunfo.
> Quem os ergueu? Sobre quem
> Triunfaram os césares? (...)
> Cada página uma vitória.
> Quem cozinhava o banquete?
> A cada dez anos um grande homem.
> Quem pagava a conta?
> Tantas histórias.
> Tantas questões.[55]

---

[54] W. BENJAMIN, *Enfance berlinoise* (trad. Jean Lacoste, Paris, Maurice Nadeau, 1978), p. 40 [ed. bras.: "Infância em Berlim" em *Obras escolhidas*, São Paulo, Brasiliense, 1995, v. 2]. Um exemplo interessante, que não é citado por Benjamin mas que, sem dúvida, ele conhecia, é a fonte de Mayence: essa magnífica obra-prima da Renascença foi erguida pelo arcebispo Albert de Brandenbourg para comemorar o triunfo dos príncipes sobre a revolta camponesa de 1525. As palavras *Conspiratio rusticorum prostrata* (Conspiração dos camponeses arruinada) são inscritas nesse monumento que, assim, faz referência direta à vitória dos poderosos na guerra das classes.

[55] B. BRECHT, "Fragen eines lesenden Arbeiter", *Kalender Geschichten* (Hamburgo, Rowohlt, 1989), p. 74. [Ed. bras.: *Poemas 1913-1956*. São Paulo, Editora 34, 2000, trad. de Paulo César de Souza.]

Gustave Doré, "Cocytus" [Cocito] (detalhe),
ilustração para o Inferno da *Divina comédia*, 1861.

Mas a tese VII tem um alcance mais geral: a alta cultura não poderia existir sob a forma histórica sem o trabalho anônimo dos produtores diretos – escravos, camponeses ou operários – eles próprios excluídos do prazer dos bens culturais. Esses últimos são, portanto, "documentos da barbárie" uma vez que nasceram da injustiça de classe, da opressão social e política, da desigualdade, e porque sua transmissão é feita por massacres e guerras. Os "bens culturais" passaram da Grécia para Roma e, em seguida, para a Igreja, depois caíram nas mãos da burguesia, desde o Renascimento até hoje. Em cada caso, a elite dominante se apropria – pela conquista, ou por outros meios bárbaros – da cultura anterior e a integra a seu sistema de dominação social e ideológico. A cultura e a tradição tornam-se, assim, como salienta Benjamin em sua tese VI, "um instrumento das classes dominantes".

Escovar a história cultural *gegen den Strich* significa, então, considerá-la do ponto de vista dos vencidos, dos excluídos, dos párias. Por exemplo, a rica cultura do Segundo Império francês deve ser analisada – como o faz Benjamin em *Das Passagen-Werk* – levando em conta a derrota dos operários em junho de 1848 e a repressão ao movimento revolucionário (Blanqui!) que ela provocou durante várias décadas. Da mesma maneira, a brilhante cultura de Weimar deve ser comparada à situação dos desempregados, dos pobres e das vítimas da inflação – como em *Rua de mão única*. Em outras palavras, para citar uma das notas preparatórias, a história da cultura "deve ser integrada à história da luta de classes" (*GS* I, 3, p. 1240)[56].

Isso não quer dizer que Benjamin seja partidário de um "populismo cultural": longe de rejeitar as obras de "alta cultura", considerando-as reacionárias, ele estava convencido de que muitas delas são abertamente ou secretamente hostis à sociedade capitalista. Trata-se, então, de redescobrir os momentos utópicos ou subversivos escondidos na "herança" cultural, quer sejam contos fantásticos de Hoffmann, poemas de Baudelaire, ou narrações de Leskow. Segundo Richard Wolin, Benjamin, em seus últimos ensaios e nas teses, "não fala mais da *Aufhebung* (supressão) da cultura tradicional burguesa, perspectiva que ele tinha considerado em seu ensaio sobre a obra de arte e em seus comentários sobre Brecht; o que Benjamin considera a tarefa principal da crítica materialista é, sobretudo, a preservação e a explicação do potencial utópico secreto contido no cerne das

---

[56] I. Wohlfarth, "Smashing the Kaleidoscope: Walter Benjamin's Critique of Cultural History" e meu próprio ensaio "Against the Grain: The Dialectical Conception of Culture in Walter Benjamin's Theses of 1940", ambos publicados em M. Steinberg (org.), *Walter Benjamin and the Demands of History* (Ithaca, Cornell University Press, 1996).

obras de cultura tradicionais"[57]. É verdade, desde que essa "preservação" seja dialeticamente ligada ao momento destruidor: somente quebrando a concha reificada da cultura oficial, os oprimidos poderão tomar posse desse molusco crítico/utópico.

Benjamin se interessa pela salvaguarda das formas subversivas e antiburguesas da cultura, procurando evitar que sejam embalsamadas, neutralizadas, tornadas acadêmicas e incensadas (Baudelaire) pelo *establishment* cultural. É preciso lutar para impedir que a classe dominante apague as chamas da cultura passada, e para que elas sejam tiradas do conformismo que as ameaça (tese VI)[58].

Um exemplo latino-americano recente permite ilustrar o significado da exigência de "escovar a história a contrapelo": a comemoração do V centenário da descoberta das Américas (1492-1992). As festividades culturais organizadas pelo Estado, pela Igreja e por iniciativas privadas são belos exemplos de empatia com os vencedores do século XVI – uma *Einfühlung* que beneficia invariavelmente os dirigentes atuais: as elites financeiras locais e multinacionais que herdaram o poder dos antigos conquistadores.

Escrever a história no "sentido contrário" – expressão de Benjamin em sua própria tradução – é recusar qualquer "identificação afetiva" com os heróis oficiais do V centenário, os colonizadores ibéricos, os poderosos europeus que levaram a religião, a cultura e a civilização para os índios "selvagens". Isso significa considerar cada monumento da cultura colonial – as catedrais do México ou de Lima, o palácio de Cortés em Cuernavaca – como *também* um produto da guerra, da exterminação, de uma opressão impiedosa.

Durante séculos, a história "oficial" da descoberta, da conquista e da evangelização não só foi hegemônica, como também praticamente a única

---

[57] R. WOLIN, *Walter Benjamin. An aesthetic of redemption* (Columbia University Press, 1982), p. 263-4. A meu ver, trata-se de um dos melhores livros sobre o conjunto da obra de Benjamin.

[58] O componente antiburguês da cultura do século XIX foi notavelmente evidenciado por D. OEHLER em seu livro – com forte inspiração benjaminiana – *Le spleen contre l'oubli. Juin 1848. Baudelaire, Flaubert, Heine, Herzen*, traduzido do alemão por Guy Petitdemange (Paris, Payot, 1996). Ver também, do mesmo autor, *Pariser Bilder I (1830-1848). Antibourgeoise Ästhetik bei Baudelaire, Daumier und Heine* (Frankfurt,

a ocupar o cenário político e cultural. Somente com a Revolução Mexicana de 1911, essa hegemonia começou a ser contestada. Os afrescos de Diego Rivera no palácio de Cortés (1930), em Cuernavaca, marcam uma verdadeira guinada na história da cultura latino-americana, devido à sua desmistificação iconoclasta do Conquistador e à simpatia do artista pelos guerreiros indígenas[59]. Cinquenta anos depois, *As veias abertas da América Latina** (1981), o célebre livro de um dos maiores ensaístas do continente, o uruguaio Eduardo Galeano, registra, em uma síntese poderosa, os autos de acusação da colonização ibérica, do ponto de vista de suas vítimas e de suas culturas, os índios, os escravos negros, os mestiços.

Durante o debate sobre o V centenário, Galeano interveio, em termos quase benjaminianos – não sei se ele já leu as teses de 1940 – para conclamar à "ce-

Diego Rivera, *A tomada de Cuernavaca*, pintura em mural,
El Palacio de Cortés, Cuernavaca, México, 1930.

Suhrkamp, 1988) [ed. bras.: *Quadros parisienses: estética antiburguesa em Baudelaire, Daumier e Heine (1830-1830)*, São Paulo, Companhia das Letras, 1997].

[59] Encontramos o equivalente político dessa obra de arte no trabalho do socialista indigenista peruano J. C. Mariátegui ao longo dos anos 1927-1930, principalmente os *Sept essais d'interprétation de la réalité péruvienne* [Sete ensaios de interpretação da realidade peruana].

* *Las venas abiertas de América Latina* [ed. bras.: *As veias abertas da América Latina*, São Paulo, Paz e Terra, 1996].

lebração dos vencidos e não dos vencedores", e à "salvaguarda de algumas de nossas mais antigas tradições", como o modo de vida comunitário. Porque é "em suas mais antigas fontes" que a América pode buscar e encontrar "suas forças vivas mais jovens": "O passado diz coisas que interessam ao futuro."[60]

Enquanto a Espanha, a Europa e os Estados Unidos se apressavam em comemorar a chegada de Cristóvão Colombo, uma reunião latino-americana realizada em outubro de 1991 em Xelaju, na Guatemala – um dos bastiões da cultura maia – conclamava para a comemoração de "Cinco séculos de resistência indígena e popular". Os zapatistas do Exército Zapatista de Libertação Nacional (EZLN) inicialmente queriam ter feito coincidir sua sublevação com o aniversário de 1492 mas, por motivos de falta de preparação militar, adiaram para 1994. No entanto, comandaram um ato de reparação simbólica: a destruição em 1992, por uma multidão de indígenas que desceu das montanhas, da estátua de Diego de Mazariega, o conquistador, no centro de San Cristobal de las Casas, capital de Chiapas. Política, cultura e história foram intimamente inter-relacionadas nos enfrentamentos em torno do V centenário. Mas isso não teria surpreendido Walter Benjamin...

---

[60] E. GALEANO, "El tigre azul y nuestra tierra prometida" em *Nosostros decimos no* (México, Siglo XXI, 1991) [ed. bras.: *Nós dizemos não*, Rio de Janeiro, Revan, 1992].

TESE VIII

A tradição dos oprimidos nos ensina que o "estado de exceção" no qual vivemos é a regra. Precisamos chegar a um conceito de história que dê conta disso. Então surgirá diante de nós nossa tarefa, a de instaurar o real estado de exceção; e graças a isso, nossa posição na luta contra o fascismo tornar-se-á melhor. A chance deste consiste, não por último, em que seus adversários o afrontem em nome do progresso como se este fosse uma norma histórica. – O espanto em constatar que os acontecimentos que vivemos "ainda" sejam possíveis no século XX não é nenhum espanto filosófico. Ele não está no início de um conhecimento, a menos que seja o de mostrar que a representação da história donde provém aquele espanto é insustentável.

Benjamin confronta, aqui, duas concepções da história – com implicações políticas evidentes para o presente: a confortável doutrina "progressista", para a qual o progresso histórico, a evolução das sociedades no sentido de mais democracia, liberdade e paz, é a norma, e aquela que ele afirma ser seu desejo, situada do ponto de vista da tradição dos oprimidos, para a qual a norma, a regra da história é, ao contrário, a opressão, a barbárie, a violência dos vencedores.

As duas concepções reagem de maneira diametralmente oposta ao fascismo. Para a primeira, trata-se de uma exceção à regra do progresso, uma "regressão" inexplicável, um parêntese na marcha avante da humanidade. Para a segunda, a expressão mais recente e mais brutal do "estado de exceção permanente" que é a história da opressão de classe. Sem dúvida, Benjamin foi influenciado pelas ideias de Carl Schmitt em *Politische Theologie* [Teologia política] (1921) – uma obra pela qual ele tinha muito interesse – principalmente por sua identificação entre soberania – seja monárquica, ditatorial ou republicana – e estado de exceção: soberano é aquele que tem o poder de decisão no estado de exceção. Esse tema encontra-se em *Origem do drama barroco*: depois de ter citado C. Schmitt, W. Benjamin observa, a propósito da contrarreforma: "No estado de exceção, quando ocasionado pela guerra, pela revolução ou por outras catástrofes, o príncipe reinante é imediatamente designado a exercer o poder ditatorial." Algumas páginas depois, acrescenta: "A teoria da soberania, para a qual o caso de exceção, ao desenvolver instâncias de ditadura, torna-se exemplar, quase obriga que a imagem do soberano se realize no sentido do tirano." Essas observações dos anos 1920, sem dúvida, estavam presentes em seu espírito quando refletiu, em 1940, sobre a natureza do III Reich[61].

Essa visão das coisas permite situar o fascismo na continuidade do cortejo dos vencedores como cabeça de Medusa, fisionomia suprema e última da barbárie recorrente dos poderosos. Mas ela tem o grande defeito de não ressaltar a inovação do fascismo – principalmente em sua variante hitlerista – em relação às formas antigas de dominação: o que a Escola de Frankfurt denominará "a administração total", e Hannah Arendt o totalitarismo. É preciso dizer, em defesa de Benjamin, que as manifestações mais características dessa inovação histórica – o sistema relativo aos campos de concentração, as indústrias da morte, o extermínio industrial dos judeus e dos ciganos – somente vão se desenvolver com toda sua força aterrorizante após sua morte, ao longo dos anos 1941-1945.

Um dos trunfos do fascismo, salienta Benjamin, é a incompreensão que seus adversários manifestam em relação a ele, inspirados pela ideologia do progresso. Trata-se, obviamente, da esquerda, como ele explicita em uma das notas preparatórias[62]. Dois exemplos permitem ilustrar o que quer dizer o autor das teses.

Para a social-democracia, o fascismo era um vestígio do passado, anacrônico e pré-moderno. Karl Kautsky, em seus escritos dos anos 1920, explicava que o fascismo somente seria possível em um país semiagrário como a Itália, mas jamais poderia se instalar em uma nação moderna e industrializada como a Alemanha...

Quanto ao movimento comunista oficial (stalinista), estava convencido de que a vitória de Hitler em 1933 era efêmera: uma questão de poucas semanas ou meses, antes que o regime nazista fosse varrido pelas forças operárias e progressistas, sob a direção esclarecida do KPD (partido comunista alemão).

---

[61] *Les origines du drame baroque*, cit., p. 66, 70. Em dezembro de 1930, Benjamin enviara seu livro a C. Schmitt, acompanhado de uma carta manifestando sua admiração (*Hochschätzung*) e reconhecendo a influência de suas obras sobre o *Trauerspielbuch* (*GS* I, 3, p. 887).

[62] "A superioridade [do fascismo] sobre a esquerda acha sua expressão – e não é das menores – no fato de que ela se opõe a ele em nome da norma histórica, de uma espécie de constituição histórica média" (*GS* I, 3, p. 1246).

Benjamin compreendeu perfeitamente a modernidade do fascismo, sua relação íntima com a sociedade industrial/capitalista contemporânea. Daí sua crítica àqueles – os mesmos – que se espantam com o fato de que o fascismo "ainda" seja possível no século XX, cegos pela ilusão de que o progresso científico, industrial e técnico seja incompatível com a barbárie social e política. Esse espanto não é o *taumazein* de Aristóteles, fonte de todo o conhecimento filosófico: leva apenas à incompreensão do fascismo e, portanto, ao erro.

Precisamos, observa Benjamin em uma das notas preparatórias, de uma teoria da história a partir da qual o fascismo possa ser desvendado (*gesichtet*) (*GS* I, 3, p. 1244). Somente uma concepção sem ilusões progressistas pode dar conta de um fenômeno como o fascismo, profundamente enraizado no "progresso" industrial e técnico moderno que, em última análise, não era possível *senão* no século XX. A compreensão de que o fascismo pode triunfar nos países mais "civilizados" e de que o "progresso" não o fará desaparecer automaticamente permitirá, pensa Benjamin, melhorar nossa posição na luta antifascista. Uma luta cujo objetivo final é o de produzir "o *verdadeiro* estado de exceção", ou seja, a abolição da dominação, a sociedade sem classes[63].

Esse "estado de exceção" utópico é prefigurado por todas as revoltas e sublevações que interrompem apenas por um breve momento o cortejo triunfante dos dominantes. Ele encontra também uma prefiguração lúdica – e até mesmo grotesca – em algumas festas populares, como o carnaval: Benjamin concorda, nesse caso, com Bakhtin. Em um conto dos anos 1920, publicado em francês com o título "En regardant passer le corso" [Observando o corso passar], ele

---

[63] Podemos considerar, como Rainer Rochlitz – cujo livro contém constatações interessantes, principalmente no que diz respeito às ideias estéticas de Benjamin – que esse objetivo é utópico e irrealista, e criticar o autor das teses por sua recusa obstinada em confiar nas "modificações graduais", nas mudanças inevitavelmente "sobrecarregadas de compromissos e de acordos" da social-democracia. Mas atribuir-lhe, na tese VIII, "o recurso a uma política autoritária, indissociável do conceito de estado de exceção criado por Carl Schmitt" resulta de mal-entendido (cf. R. Rochlitz, *Le désenchantement de l'art: la philosophie de Walter Benjamin*, Paris, Gallimard, 1992, p. 271). Benjamin aspira precisamente, com todas as suas forças, à *verdadeira* exceção, ao fim dos poderes autoritários, aos antípodas de todos os "estados de exceção" no sentido de Carl Schmitt.

escreve: "O carnaval é um estado de exceção. Um derivado dos antigos saturnais durante os quais o superior e o inferior trocavam de lugar e em que os escravos eram servidos por seus senhores. Ora, um estado de exceção não pode ser definido precisamente, senão em oposição total a um estado ordinário."[64]

A diferença é que o parêntese carnavalesco era apenas um derivativo e os mestres retomavam seu lugar – "no alto" – quando a festa terminava. Evidentemente, o objetivo do *"verdadeiro* estado de exceção" é outro, nele não existiria mais nem "superior" nem "inferior", nem senhores nem escravos.

---

[64] W. Benjamin, *Rastelli raconte... et autres récits*, cit.

TESE IX

"Minha asa está pronta para o voo
De bom grado voltaria atrás
Pois permanecesse eu também tempo vivo
Teria pouca sorte."
Gerhard Scholem, *Salut de l'ange*
[Saudação do Anjo].

Existe um quadro de Klee intitulado "Angelus Novus". Nele está representado um anjo, que parece estar a ponto de afastar-se de algo em que crava o seu olhar. Seus olhos estão arregalados, sua boca está aberta e suas asas estão estiradas. O anjo da história tem de parecer assim. Ele tem seu rosto voltado para o passado. Onde uma cadeia de eventos aparece diante de nós, ele enxerga uma única catástrofe, que sem cessar amontoa escombros sobre escombros e os arremessa a seus pés. Ele bem que gostaria de demorar-se, de despertar os mortos e juntar os destroços. Mas do paraíso sopra uma tempestade que se emaranhou em suas asas e é tão forte que o anjo não pode mais fechá-las. Essa tempestade o impele irresistivelmente para o futuro, para o qual dá as costas, enquanto o amontoado de escombros diante dele cresce até o céu. O que nós chamamos de progresso é essa tempestade.

Trata-se do texto de Benjamin mais conhecido, citado, interpretado e utilizado inúmeras vezes nos mais variados contextos. Certamente marcou a imaginação de nossa época – sem dúvida porque toca de maneira um tanto profunda na crise da cultura moderna. Mas também porque tem uma dimensão profética: seu prenúncio trágico parece anunciar Auschwitz e Hiroshima, as duas grandes catástrofes da história humana, as duas destruições mais monstruosas que vieram coroar o amontoado que "cresce até o céu".

Essa tese resume "como em um foco" o conjunto do documento. Trata-se de uma alegoria, no sentido de que seus elementos não têm, fora do papel, o significado que lhes é intencionalmente atribuído pelo autor. Benjamin havia ficado fascinado pelas alegorias religiosas, particularmente por aquelas do *Trauerspiel*, o drama barroco alemão, em que a alegoria é "a *facies hippocratica* da história que se apresenta para o espectador como uma paisagem primitiva petrificada"[65]. A tese IX é exatamente isso.

---

[65] W. BENJAMIN, *Les origines du drame baroque allemand*, cit., p. 178.

A tese se apresenta como o comentário de um quadro de Paul Klee, que Benjamin adquirira quando jovem. Na realidade, o que ele descreve tem muito pouca relação com o quadro: trata-se fundamentalmente da projeção de seus próprios sentimentos e ideias sobre a imagem sutil e despojada do artista alemão.

Paul Klee, *Angelus Novus*, 1920. Museu de Jerusalém.

Na construção desse texto, provavelmente Benjamin se inspirou em algumas passagens poéticas de *As flores do mal**. Por exemplo, esses versos do poema LXXI ("Une gravure fantastique") parecem descrever a visão do passado da humanidade do anjo de Benjamin:

> O imenso e frio cemitério sem limite,
> Onde repousa, à luz de um sol pálido e terno,
> Quando povo existiu, desde o antigo ao moderno[66]

Mas a relação da tese IX com Baudelaire é mais profunda. A estrutura significativa da alegoria é baseada em uma *correspondência* – no sentido baudelairiano – entre o sagrado e o profano, a teologia e a política, que atravessa cada uma das imagens. Para uma das figuras da alegoria, os dois sentidos nos são dados pelo próprio texto: o correspondente profano da tempestade que sopra do Paraíso é o Progresso, responsável por uma "catástrofe sem trégua" e por um "amontoado de escombros que cresce até o céu". Mas, para outros, é preciso encontrar seu significado social e político, referindo-se a outros escritos de Benjamin.

A tempestade que sopra do paraíso, sem dúvida, evoca a queda e a expulsão do jardim do Éden. Foi nesses termos que Adorno e Horkheimer a interpretaram, na passagem da *Dialética do esclarecimento* que retoma a imagem de Benjamin – mas sem a citar!: "O anjo com a espada em chamas, que expulsou os seres humanos do paraíso em direção ao caminho do progresso técnico, é ele mesmo a imagem sensível desse progresso"[67]. Qual é o equivalente profano desse paraíso perdido do qual o progresso nos distancia cada vez mais? Vários

---

* C. BAUDELAIRE, *Les Fleurs du mal* [ed. bras.: *As flores do mal*, edição bilíngue, Rio de Janeiro, Nova Fronteira, 1985, trad., intr. e notas Ivan Junqueira].

[66] Ou esses outros do poema CXXXIII ("Femmes damnées") [na edição bilingue citada acima, poema "Mulheres malditas (Delfina e Hipólita)"], que talvez tenham inspirado a imagem da tempestade que sopra do Paraíso:

> – Descei, descei, ó tristes vítimas sublimes,
> Descei por onde o fogo arde em clarões eternos!
> Mergulhai neste abismo em que todos os crimes,
> Tangidos por um vento oriundo dos infernos,
> Fervilham de mistura aos ásperos trovões.

[67] M. HORKHEIMER; T. W. ADORNO, *Dialektik der Aufklärung* (Frankfurt, Fischer, 1971), p. 162 [ed. bras.: *Dialética do esclarecimento*, Rio de Janeiro, Jorge Zahar, 1985].

indícios sugerem que, para Benjamin, trata-se da sociedade primitiva sem classes. No artigo sobre Bachofen (1935), mencionado em nossa introdução, ele evoca, a propósito das comunidades matriarcais antigas, "uma sociedade comunista na aurora da história", profundamente democrática e igualitária. E, no ensaio "Paris, capital do século XIX", ele retoma essa ideia: as experiências da sociedade sem classes da pré-história, registradas no inconsciente coletivo, "em relação recíproca com o novo, dão nascimento à utopia"[68].

Aos antípodas do paraíso, o inferno. Ele não trata disso na tese IX, mas vários textos de Benjamin sugerem uma correspondência entre a modernidade – ou progresso – e a condenação ao inferno. Por exemplo, nessa passagem de "Parque central". (1938), que tem ligações evidentes com a tese IX: "É preciso basear o conceito de progresso na ideia de catástrofe. Se as coisas continuarem a 'caminhar assim, será a catástrofe' (...). O pensamento de Strindberg: o inferno não é o que nos espera – mas *esta vida aqui*"[69] Em que sentido? Para Benjamin, em *Das Passagen-Werk*, a quintessência do inferno é a eterna repetição do mesmo, cujo paradigma mais terrível não se encontra na teologia cristã, mas na mitologia grega: Sísifo e Tântalo, condenados à eterna volta da mesma punição. Nesse contexto, Benjamin cita uma passagem de Engels, que compara a interminável tortura do operário, forçado a repetir sem parar o mesmo movimento mecânico, com a condenação de Sísifo ao inferno. Mas não se trata apenas do operário: toda a sociedade moderna, dominada pela mercadoria, é submetida à repetição, ao "sempre igual" (*Immergleichen*) disfarçado em novidade e moda: no reino mercantil, "a humanidade parece condenada às penas do inferno"[70].

O Anjo da História gostaria de parar, cuidar das feridas das vítimas esmagadas sob os escombros amontoados, mas a tempestade o leva inexoravelmente à repetição do passado: novas catástrofes, novas hecatombes, cada vez mais amplas e destruidoras. É impressionante contrastar o olhar trágico do Anjo da Histó-

---

[68] W. BENJAMIN, "Joham Jakob Bachofen", cit., p. 220-30, e *Poésie et Révolution* (Paris, Denöel, 1971), p. 125.

[69] W. BENJAMIN, *Charles Baudelaire* (Paris, Payot, 1982), p. 242 [ed. bras.: "Parque central" em *Obras escolhidas*, São Paulo, Brasiliense, 1994, vol. 3, p. 174].

[70] W. BENJAMIN, *Das Passagen-Werk*, cit., p. 162, 61.

Odilon Redon, *L'Ange déchu* [O anjo caído]. Anterior a 1880.
Museu de Belas Artes, Bordeaux.

ria, de Benjamin, com aquele perfeitamente olímpico, descrito por Schiller em um dos textos canônicos do *Aufklärung* progressista, que o autor das teses sem dúvida conhecia de cor, "Was heißt und zu welchem Ende studiert man Universalgeschichte?" [O que é a história universal e com que finalidade é estudada?] (1789): "Como o Zeus homérico, a História observa com um olhar igualmente alegre os trabalhos sanguinários das guerras assim como a atividade dos povos pacíficos que se alimentam inocentemente do leite de seus rebanhos. Por mais desordenado que pareça o confronto da liberdade humana com o desenvolvimento do mundo, a História observa com tranquilidade esse jogo confuso; porque seu olhar, que tem um longo alcance, já descobre, de longe, o objetivo para o qual essa liberdade sem regras é conduzida pela cadeia da necessidade."[71] Não há como não pensar que Benjamin sustentou deliberadamente o contrário desse famoso texto, opondo o olhar desesperado de seu anjo marxista/judeu a esse "tranquilo" e "alegre" do Zeus de Schiller...

---

[71] F. SCHILLER, "Was heißt und zu welchen Ende studiert man Universalgeschichte?" em *Kleine historische Schriften* (Berlim, Bong & Co., s. d.), p. 186.

Os escombros tratados aqui não são, como entre os pintores ou poetas românticos, um objeto de contemplação estética, mas uma imagem dilacerante das catástrofes, dos massacres e de outros "trabalhos sanguinários" da história. Ao escolher essa expressão, Benjamin continuava muito provavelmente um confronto implícito com a filosofia da história de Hegel, essa imensa teodiceia racionalista que legitimava cada "ruína" e cada infâmia histórica como etapa necessária da marcha triunfal da Razão, como momento inevitável do Progresso da humanidade rumo à Consciência da Liberdade: "*Weltgeschichte ist Weltgericht*" ["A história universal é o tribunal universal"]. Segundo Hegel, a história parece, à primeira vista, um imenso campo de ruínas, onde ressoam "as lamentações anônimas dos indivíduos", um altar em que "foram sacrificadas a felicidade dos povos... e a virtude dos indivíduos". Diante desse "quadro aterrorizante", estaríamos inclinados a "uma dor profunda, inconsolável, que nada poderia apaziguar", uma profunda revolta e aflição moral. Ora, é preciso ir além desse "primeiro balanço negativo", e se colocar acima dessas "reflexões sentimentais", para compreender o essencial, ou seja, que as ruínas são apenas meios a serviço do destino substancial, do "verdadeiro resultado da história universal": a realização do Espírito universal[72].

A atitude de Benjamin consiste exatamente em inverter essa visão da história, desmistificando o progresso e fixando um olhar marcado por uma dor profunda e inconsolável – mas também por uma profunda revolta moral – nas ruínas que ele produz. Estas não são mais, como em Hegel, provas da "decadência dos impérios" – o autor de *A razão na história* menciona os de Cartago, Palmira, Persépolis, Roma[73] – mas são sobretudo, uma alusão aos grandes massacres da história – daí a referência aos "mortos" – e às cidades destruídas pelas guerras: desde Jerusalém, destruída pelos romanos, até as ruínas de Guernica e Madri, as cidades da Espanha republicana bombardeadas pela Luftwaffe em 1936-1937.

Por que representar o Progresso como uma tempestade? O termo aparece também em Hegel, que descreve "o tumulto dos acontecimentos do mundo"

---

[72] F. HEGEL, *La Raison dans l'histoire: introduction à la Philosophie de l'histoire* (Paris, "10/18", 1965), p. 103 [ed. bras.: *A razão na história*, São Paulo, Centauro, 2001].
[73] Ibidem, p. 54.

como uma "tempestade que sopra sobre o presente"[74]. Mas, quando Benjamin evoca a catástrofe, a destruição, provavelmente, a palavra é extraída da linguagem bíblica: foi devido a uma tempestade (de água) que a humanidade morreu no dilúvio, e foi devido a uma tempestade de fogo que Sodoma e Gomorra foram destruídas. Aliás, a comparação entre o dilúvio e o nazismo é sugerida por Benjamin em uma carta a Scholem em janeiro de 1937, em que ele compara seu livro *Deutsche Menschen* [Povo alemão] a uma "arca" construída "de acordo com o modelo judaico" – diante da "ascensão do dilúvio fascista"[75].

Mas esse termo lembra também o fato de que, para a ideologia conformista, o Progresso é um fenômeno "natural", regido pelas leis da natureza e, como tal, inevitável, irresistível. Em uma das notas preparatórias, Benjamin critica explicitamente essa conduta positivista, "naturalista", do evolucionismo histórico: "O projeto de descobrir 'leis' para a sucessão dos acontecimentos não é a única forma, e menos ainda a mais sutil, que tomou a assimilação da historiografia à ciência natural" (*GS* I, 3, p. 1231).

Como deter essa tempestade, como interromper o Progresso em sua progressão fatal? Como sempre, a resposta de Benjamin é dupla: religiosa e profana. Na esfera teológica, trata-se da tarefa do Messias; seu equivalente, ou seu "correspondente" profano, é simplesmente *a Revolução*. A interrupção messiânica/revolucionária do Progresso é, portanto, a resposta de Benjamin às ameaças que fazem pesar sobre a espécie humana a continuação da tempestade maléfica, a iminência de catástrofes novas. Estamos em 1940, poucos meses antes do início da "Solução final". Uma imagem profana resume, nas notas preparatórias, essa ideia, invertendo os lugares-comuns da esquerda "progressista": "Marx havia dito que as revoluções são a locomotiva da história mundial. Mas talvez as coisas se apresentem de maneira completamente diferente. É possível que as revoluções sejam o ato, pela humanidade que

---

[74] Ibidem, p. 35.

[75] G. SCHOLEM, *Walter Benjamin. Die Geschichte einer Freundschaft* (Frankfurt, Suhrkamp, 1975), p. 252. A expressão "de acordo com o modelo judaico" figura na dedicatória do livro, feita por Benjamin, a sua irmã Dora. Lembremos também que escritores próximos do fascismo, como Ernst Jünger – objeto de uma crítica radical por Benjamin em 1930 – descreveram a guerra como "temporal de aço" (título de um de seus primeiros livros, publicado em 1920).

viaja nesse trem, de puxar os freios de emergência."[76] A imagem sugere, implicitamente, que se a humanidade permitir que o trem siga seu caminho – já inteiramente traçado pela estrutura de aço dos trilhos – se nada vier interromper seu curso vertiginoso, vamos rápida e diretamente para o desastre, o choque ou a queda no abismo.

Somente o Messias poderá fazer o que o Anjo da História é impotente para realizar: deter a tempestade, cuidar dos feridos, ressuscitar os mortos e rejuntar o que foi quebrado (*das Zerschlagene zusammenfügen*). Segundo Scholem, essa fórmula contém uma referência implícita à doutrina cabalística do *tikkun*, a restituição messiânica do estado originário de harmonia divina quebrado pela *shevirat ha kelim*, o rompimento dos vasos – doutrina que Benjamin conhecia graças ao artigo "Cabala", publicado por seu amigo, em 1932, na *Encyclopaedia Judaica* (em alemão)[77].

E qual é o correspondente político dessa restituição mística, desse restabelecimento do paraíso perdido, desse reino messiânico? A resposta se encontra nas notas preparatórias: "É preciso restituir ao conceito de sociedade sem classes seu verdadeiro caráter messiânico, dentro do próprio interesse da política revolucionária do proletariado"; porque somente quando se dá conta de seu significado messiânico é que se pode evitar as armadilhas da ideologia "progressista"[78].

Essa sociedade comunista do futuro é, em certa medida, a volta ao comunismo primitivo, a volta à primeira forma de sociedade sem classes "na aurora da história". Portanto, Scholem tem razão ao escrever que, para Benjamin, "o Paraíso é origem e passado ancestral (*Urvergangenheit*) da humanidade e, ao mesmo tempo, imagem utópica do futuro de sua redenção", mas me parece que ele se engana ao acrescentar que se trata de uma concepção do processo histórico "mais cíclico do que dialético". Para Benjamin, a sociedade sem classes

---

[76] *GS* I, 3, p. 1232. Benjamin se refere a uma passagem de Marx em *Luttes de classes en France 1848-1850* [ed. bras.: *As lutas de classes na França (1848-1850)*, São Paulo, Global, 1986]. Cf. Marx; Engels, *Werke* (Berlim, Dietz, 1962), p. 85: "Die Revolutionen sind die Lokomotiven der Geschichte" (a palavra "mundial" não aparece no original de Marx).

[77] G. Scholem, *Walter Benjamin und sein Engel*, cit., p. 66, 71.

[78] W. Benjamin, *GS* I, 3, p. 1231-2.

do futuro – o novo Paraíso – não é a volta pura e simples àquela da pré-história: ela contém em si, como síntese dialética, todo o passado da humanidade. A verdadeira história universal, baseada na rememoração universal de todas as vítimas sem exceção – o equivalente profano da ressurreição dos mortos – somente será possível na futura sociedade sem classes[79].

O vínculo que se estabelece, aqui, entre a era messiânica e o futuro da sociedade sem classes – como o das outras "correspondências" das teses de 1940 – não pode ser compreendido unicamente em termos de secularização. O religioso e o político conservam, em Benjamin, uma relação de reversibilidade recíproca, de tradução mútua, que escapa a qualquer redução unilateral: em um sistema de vasos comunicantes, o fluido está necessariamente presente em todos os ramais simultaneamente.

---

[79] G. SCHOLEM, *Walter Benjamin und sein Engel*, cit., p. 65 e W. BENJAMIN, *GS* I, 3, p. 1238-9. Como observa Irving Wohlfarth, em seu notável ensaio sobre o messianismo nos últimos textos de Benjamin, trata-se aqui de uma "espiral" dialética mais do que de um círculo, pois o futuro messiânico é o *Aufhebung* – no sentido hegeliano – de toda a história passada. Cf. I. WOHLFARTH, "On the Messianic Structure of Walter Benjamin's Last Reflexions", cit., p. 186.

TESE X

Os objetos que a regra monacal propunha aos monges para a meditação tinham a tarefa de torná-los avessos ao mundo e à sua agitação. O curso de pensamento que aqui perseguimos emergiu de uma determinação semelhante. Num instante em que os políticos, em quem os adversários do fascismo tinham colocado as suas esperanças, jazem por terra e reforçam sua derrota com a traição à própria causa, esse curso de pensamento se propõe a desvencilhar os filhos políticos deste século dos liames com que os políticos os tinham enredado. Partimos da consideração de que a crença obstinada desses políticos no progresso, sua confiança em sua "base de massa" e, finalmente, sua submissão servil a um aparelho incontrolável, foram três aspectos de uma única e mesma coisa. Essa consideração procura dar uma ideia do quanto custa a nosso pensamento habitual elaborar uma concepção da história que evite toda e qualquer cumplicidade com aquela a que esses interesses políticos continuam se apegar.

Nessa tese, Benjamin retoma sua polêmica com as concepções dominantes no âmbito da esquerda, ao se referir, implicitamente, ao acontecimento traumático que foi, sem dúvida, a motivação imediata para a redação do documento: o pacto Molotov-Ribbentrop.

A primeira frase é muito paradoxal: seria o caso de distanciar do mundo os leitores de teses, como os monges? De um abandono da ação em benefício da "meditação"? Uma interpretação como essa estaria em contradição total com as outras teses. Outra leitura nos parece possível. O método das teses consistiria em: a) tomar distância do campo, recuar diante da atualidade política, não para ignorá-la mas para encontrar suas causas profundas; b) distanciar-se das ilusões e "tentações" do século, das doutrinas confortáveis e sedutoras do progresso. Benjamin parece evocar uma certa exigência ascética, e uma certa intransigência diante dos compromissos com o "mundo". Mas a analogia que escolheu é muito estranha e se presta a mal-entendidos.

A expressão "os políticos, em quem os adversários do fascismo tinham colocado as suas esperanças" é muito transparente: trata-se dos comunistas (stalinistas), que "traíram sua causa" ao pactuarem com Hitler. Mais precisamente, a frase se refere ao KPD (partido comunista alemão) que, ao contrário do PC soviético, "caiu por terra". A esperança de um combate consequente contra o fascismo estava, aos olhos de Benjamin, no movimento comunista, bem mais do que na social-democracia. Ora, o pacto dobrou o sino dessa esperança. A "traição" designa não só o acordo entre Molotov e Ribbentrop, mas também sua legitimação pelos partidos comunistas que adotaram a "linha" soviética[80]. Ela não significa de maneira alguma para Benjamin – como acreditava Somma Morgenstern – a ruptura com o comunismo ou com o marxismo, mas a dissociação definitiva e irrevogável entre a realidade soviética e a ideia comunista[81]. De fato, Benjamin compartilha da condenação categórica do pacto com vários outros comunistas alemães dissidentes, exilados em Paris, como seu amigo Heinrich Blücher (o marido de Hannah Arendt), Willy Münzenberg ou Manes Sperber[82].

As teses têm por objetivo libertar *das politische Weltkind* das armadilhas em que caiu. Essa expressão, um pouco bizarra, que tem sua origem em um poema de Goethe, é difícil de traduzir. Gandillac o faz literalmente – "a criança política do mundo", enquanto Missac propõe, de maneira muito arbitrária, "os bravos cidadãos". É a tradução do próprio Benjamin que nos dá o significado preciso do que ela quer dizer: "As crianças do século", ou seja, a geração do século XX – sua geração.

---

[80] Um exemplo do que Benjamin sentia como traição do combate antifascista: o Comitê central do KPD adota, em julho de 1939, uma resolução que, ao mesmo tempo que reafirma sua oposição a Hitler, "saúda o pacto de não agressão entre a União Soviética e a Alemanha" e reivindica "o desenvolvimento de relações econômicas com a URSS com o espírito de uma amizade sincera e sem reservas entre os dois países"! (cf. T. Pirker, org.) *Utopie und Mythos der Weltrevolution. Zur Geschichte der Komintern 1920-1940*, Munique, Deutscher Taschenbuch, 1964, p. 286).

[81] Cf. I. Wohlfarth, "Männer aus der Fremde: Walter Benjamin and the German-Jewish Parnassus", *New German Critique*, nº 70, inverno de 1997, p. 55. Somma Morgenstern faz referência, em uma carta (tardia, de 1972) a G. Scholem, a conversas com Benjamin pouco depois da assinatura do pacto, em 1939. Cf. H. Puttnies; G. Smith, *Benjaminiana* (Giessen, Anabas, 1991), p. 196-7.

[82] Sem falar de Leon Trotski que, de seu exílio no México, havia denunciado o pacto como uma verdadeira "traição" que transformara Stalin em "o novo amigo de Hitler" e seu "intendente" (fornecedor de matérias-primas). Cf. seus artigos de 2 a 4 de setembro em L. Trotski, *Sur la Deuxième Guerre mondiale*, textos reunidos e prefaciados por Daniel Guérin (Bruxelas, Éditions La Taupe, 1970), p. 85-102.

Benjamin se propõe a tentar libertá-la das redes nas quais os políticos – sua tradução é mais explícita: *a esquerda*, ou seja, desta vez, os dois partidos operários – a envolveram. Encontramos, aqui, uma imagem da *Segunda considerações intempestiva* de Nietzsche, segundo a qual o historiador crítico – aquele que ousa nadar contra a corrente – deve romper com a mentira "que tece em torno dele suas redes brilhantes"[83]. Em sua tradução, Benjamin substitui "malhas" ou "redes" pelas "promessas": as promessas ilusórias da esquerda têm tido um efeito paralisante, elas neutralizam as pessoas e as impedem de agir.

Essas ilusões se manifestam sob três formas, que remetem à mesma concepção da história: a crença obstinada no progresso, a confiança em sua "base de massa", e a submissão servil a um aparelho incontrolável. Benjamin traduz: "Confiança cega no partido". Ele toca, aqui, em uma questão fundamental: a burocracia, o aparelho burocrático incontrolável que dirige os partidos operários e o fetichismo do partido, tornaram-se um fim em si supostamente infalível – principalmente no movimento comunista stalinista.

Em uma das notas preparatórias, Benjamin trata da "confiança na acumulação quantitativa", que está "na base tanto da fé obstinada no progresso quanto da confiança na 'base das massas'" (*GS* I, 3, p. 1232). Ele critica, aqui, o artigo de fé essencial do marxismo subserviente e reducionista, comum às duas principais correntes da esquerda: a acumulação quantitativa ao mesmo tempo das forças produtivas, das conquistas do movimento operário, do número de membros e de eleitores do partido, em um movimento de progresso linear, irresistível e "automático". O materialismo histórico é assim reduzido ao boneco – o autômato descrito na tese I.

A conclusão da tese denuncia os políticos que permanecem inflexíveis, que se apegam a essa visão tragicamente ilusória da história. Em sua tradução, Benjamin fala daqueles que "nada aprenderam", ou seja, que não quiseram tirar lição alguma de sua terrível derrota diante do nazismo.

Benjamin se refere, nessa tese, à esquerda em geral e, implicitamente, aos partidos comunistas. Em outras teses ele ataca a social-democracia. Em que medida ele conhecia ou se inspirava em correntes dissidentes da esquerda? Vimos que, nos anos 1930, ele manifestou interesse muitas vezes

---

[83] F. NIETZSCHE, *Unzeitgemässe Behachtungen: Zurites Stück*, cit., p. 83-4.

pelos escritos de Trotski e que Karl Korsch era uma de suas principais referências marxistas em *Das Passagen-Werk* – sem falar de alguns de seus amigos, como Heinrich Blücher, próximos da corrente comunista alemã oposicionista estimulada por Heinrich Brandler.

Podemos constatar algumas convergências entre as críticas de Benjamin – por exemplo, contra a traição do Pacto de 1939, ou contra a submissão cega ao aparelho burocrático do partido – e as dos dissidentes do comunismo. Mas o questionamento, por meio das teses, da ideologia do progresso é bem mais profundo e vai muito mais longe do que as ideias críticas expressas pela maior parte dessas correntes marxistas dissidentes.

Desse ponto de vista, a posição que Benjamin ocupa no campo do marxismo em 1939-1940 é única, sem precedentes e sem similares. Isolado, ele está muito à frente de sua época. Serão necessárias várias dezenas de anos para que suas preocupações comecem, a partir dos anos 1960, a encontrar eco no âmbito da juventude rebelde e dos intelectuais de esquerda. A única exceção são seus amigos da Escola de Frankfurt, principalmente em seus textos dos anos 1941-1948, mas eles estão longe de compartilhar seu engajamento na luta de classes. Embora *Dialética do esclarecimento*, e também *Minima Moralia*[*], de Adorno, devam muito a Benjamin, o texto que mais se aproxima das teses "Sobre o conceito de história" – mesmo que não faça referência às mesmas fontes teológicas e messiânicas – é "Autoritärer Staat" [O Estado autoritário] de Horkheimer, publicado em homenagem a Benjamin pelo Instituto de Pesquisas Sociais (1942). É um documento muito "atípico", por seu radicalismo político explícito. Segundo Horkheimer, "para o revolucionário, o mundo sempre foi maduro": o imperativo de dar fim ao horror "estava em cada instante da atualidade". A transformação radical da sociedade, o fim da exploração "não são uma aceleração do progresso, mas um salto para fora do progresso"[84].

---

[*] Ed. bras.: *Minima Moralia*, São Paulo, Ática, 1993.

[84] M. HORKHEIMER, "L'État autoritaire" em *Théorie critique* (Paris, Payot, 1980), p. 341-2.

TESE XI

O conformismo que, desde o início, sentiu-se em casa na social-democracia, adere não só à sua tática política, mas também às suas ideias econômicas. Ele é uma das causas do colapso ulterior. Não há nada que tenha corrompido tanto o operariado alemão quanto a crença de que ele nadava com a correnteza. O desenvolvimento técnico parecia-lhe o declive da correnteza em cujo sentido acreditava nadar. Daí era um só passo até a ilusão de que o trabalho fabril, que se inserisse no sulco do progresso técnico, representaria um feito político. A velha moral protestante do obrar celebrava, em forma secularizada, a sua ressurreição entre os operários alemães. O programa de Gotha em si já traz as marcas dessa confusão. Ele define o trabalho como "a fonte de toda riqueza e de toda cultura". Pressentindo funestas consequências, Marx replicou que o homem que não possui outra propriedade a não ser sua força de trabalho "tem que ser escravo dos outros homens que (...) se fizeram proprietários." Malgrado essa advertência, a confusão continua a difundir-se e, pouco depois, Joseph Dietzgen proclama: "Trabalho chama-se o salvador dos tempos recentes... No (...) aperfeiçoamento (...) do trabalho consiste a riqueza, que pode, agora, consumar o que nenhum redentor até hoje consumou." Esse conceito marxista vulgar do que é o trabalho não se detém muito na questão de como os trabalhadores tiram proveito do seu produto enquanto dele não podem dispor. Esse conceito só quer se aperceber dos progressos da dominação da natureza, mas não dos retrocessos da sociedade. Ele já mostra os traços tecnocráticos que serão encontrados, mais tarde, no fascismo. A esses pertence um conceito de natureza que, de maneira prenunciadora de sinistros, se destaca do conceito de natureza das utopias socialistas do Pré-Março [de 1848]. O trabalho, como será compreendido a partir de então, se resume na exploração da natureza, que é, assim, com satisfação ingênua, contraposta à exploração do proletariado. Comparadas com essa concepção positivista, as fabulações de um Fourier, que deram tanta margem para escarnecê-lo, revelam o seu surpreendente bom-senso. Segundo Fourier, o trabalho social bem organizado deveria ter por consequência que quatro luas iluminassem a noite terrestre, que o gelo se retirasse dos polos, que a água do mar não fosse mais salgada e que os animais de rapina se pusessem a serviço do homem. Tudo isso ilustra um trabalho que, longe de explorar a natureza, é capaz de dar à luz as criações que dormitam como possíveis em seu seio. A esse conceito corrompido de trabalho pertence, como seu complemento, a natureza que, segundo a expressão de Dietzgen, "está aí grátis".

Se na tese X Benjamin acertou contas sobretudo com o conformismo stalinista, na tese XI ele ataca o conformismo social-democrata. Nos dois casos, seu ponto de partida é a vontade de compreender as causas profundas da derrota do movimento operário alemão diante do fascismo hitlerista.

A ideologia do "trabalho" promovida pela social-democracia era apenas uma forma secularizada da ética protestante do trabalho, cujos laços íntimos – por *afinidade eletiva* – com o espírito do capitalismo tinham sido desnudados pelas pesquisas de Max Weber, bem conhecidas de Benjamin. Essa celebração acrítica do "trabalho como 'a fonte de toda a riqueza'" faz abstração do fato de, no sistema capitalista, o trabalhador ser reduzido a uma condição de escravidão moderna e ser privado, pelos capitalistas, das riquezas que ele produz. Benjamin se inspira ao mesmo tempo em Weber e em Marx para criticar a postura conformista da social-democracia diante da produção industrial/capitalista.

O culto ao trabalho e à indústria é, ao mesmo tempo, o culto ao progresso técnico – tema que ocupa Benjamin intensamente desde os anos 1920. No ensaio sobre Fuchs de 1937, um texto que já contém os principais temas da tese XI, ele insiste no contraste entre "o otimismo duvidoso" da social-democracia, que ignora a energia destruidora da técnica, em particular a militar[85] e "a intuição fulgurante" de Marx e Engels sobre a evolução possível do capitalismo em direção à barbárie[86].

---

[85] W. BENJAMIN, "Eduard Fuchs collectionneur et historien", *Macula, 3/4, 1978*, p. 49. Cf. p. 45: O positivismo esqueceu que o desenvolvimento da técnica "foi condicionado de maneira determinante pelo capitalismo". E os positivistas, entre os teóricos social-democratas "desconhecem o aspecto destruidor da técnica porque se tornaram alheios ao aspecto destruidor da dialética". O potencial destruidor manifesta-se sobretudo na técnica militar. Benjamin insistia – por exemplo, em *Rua de mão única* – nos bombardeios, na guerra química e nos gases, mas mesmo ele, o mais pessimista de todos, não podia prever o que seria a barbárie moderna da Segunda Guerra Mundial.

[86] Talvez Benjamin se refira a um texto de Marx de 1847, que comenta algumas das manifestações mais sinistras do capitalismo, como as leis dos pobres ou as *workhouses* – essas "bastilhas dos operários", nos seguintes termos: "A barbárie ressurge, mas desta vez é engendrada no próprio âmbito da civilização e dela é parte integrante. É a barbárie leprosa, a barbárie como lepra da civilização" (K. MARX, "Arbeitslohn", 1847 em *Kleine ökonomische Schriften*, Berlim, Dietz, 1955, p. 245).

Na tese XI, trata do positivismo da ideologia do progresso social-democrata. No ensaio sobre Fuchs já se referia ao positivismo, ao darwinismo e ao evolucionismo da social-democracia europeia, e mencionava o italiano Enrico Ferri – segundo o qual a técnica do partido obedecia às leis da natureza – como um exemplo típico.

Algumas passagens da obra de Ferri ilustram o gênero de discurso contra o qual Benjamin se insurgia. Segundo o pensador socialpositivista italiano, "o que o socialismo científico pode afirmar, e afirma, com uma certeza matemática, é que a corrente, a trajetória da evolução humana segue no sentido indicado e previsto pelo socialismo, ou seja, de uma preponderância progressiva e contínua dos juros e do lucro do dinheiro sobre os interesses e benefícios do indivíduo (...). O socialismo é uma fase natural e espontânea e, consequentemente, inevitável e irrevogável, da evolução humana"[87]. De fato, encontramos formulações completamente semelhantes em Kautsky, Plekhanov, mas também em Friedrich Engels, que Benjamin não menciona[88]. A tese XI, assim como o ensaio sobre Fuchs, criticam esse tipo de doutrina determinista e evolucionista, que dá ideia de que a vitória do partido é garantida antecipadamente. Da mesma maneira, em uma variante, Benjamin cita uma passagem de Dietzgen: "Aguardamos nosso tempo" (GS I, 3, p. 1249).

A polêmica da tese XI visa, então, à ilusão de nadar com a correnteza do desenvolvimento técnico – uma correnteza que se supõe levar necessariamente ao triunfo do socialismo "científico" (no sentido positivista do termo). Esse fatalismo otimista somente poderia levar o movimento operário à passividade e

---

[87] E. FERRI, *Socialism and positive science (Darwin-Spencer-Marx)*, 1896 (Londres, ILP, 1906), p. 114.

[88] O partido operário alemão "aumentou e desenvolveu suas forças de maneira tão segura e irresistível quanto o cristianismo outrora, de modo que a equação de sua taxa de crescimento (*Die Gleichung ihrer wachsenden Geschwindigkeit*) – e, portanto, o momento de sua vitória final – pode desde já ser calculada matematicamente" (Friedrich Engels, carta a Kautsky, 8 de novembro de 1884, em MARX; ENGELS, *Werke*, cit., v. 36, p. 230). Ver o comentário esclarecedor sobre o positivismo e o evolucionismo em alguns textos de Marx e Engels em É. BALIBAR, *La crainte des masses: dialectique et philosophie avant et après Marx* (Paris, Galilée, 1997), p. 273-5. Resta saber por que Benjamin não se refere – ou o faz pouco – a Marx e a Engels em suas observações críticas: voltarei a essa questão na conclusão.

ao imobilismo – quando, ao contrário, seria preciso intervir urgentemente, agir rapidamente antes que fosse tarde demais, antes da catástrofe que se delineava no horizonte. Essa é uma das razões da derrocada de 1933.

Essa concepção evolucionista/positivista da história "só quer se aperceber dos progressos da dominação da natureza, mas não dos retrocessos da sociedade". Encontramo-la, mais tarde, sob outra forma, na ideologia tecnocrática do fascismo. Ao contrário de tantos outros marxistas, Benjamin percebera claramente o aspecto moderno, tecnicamente "avançado" do nazismo, associando os maiores "progressos" tecnológicos – principalmente no domínio militar – aos mais terríveis retrocessos sociais. O que foi somente sugerido na tese VIII é, aqui, explicitamente afirmado: o fascismo, apesar de suas manifestações culturais "arcaicas", é uma manifestação patológica da modernidade industrial/capitalista, que se apoia nas grandes conquistas técnicas do século XX[89]. O que, obviamente, não quer dizer que, para Benjamin, a modernidade não possa tomar outras formas, ou que o progresso técnico seja necessariamente nefasto.

Em seu famoso – e em muitos aspectos notável – ensaio crítico sobre Benjamin, Jürgen Habermas escreveu: "Não se pode dotar o materialismo histórico – que considera o progresso não só na esfera das forças produtivas, mas também na da dominação – de uma concepção antievolucionista da história,

---

[89] As intuições de Benjamin sobre a tecnocracia fascista foram confirmadas pela pesquisa histórica recente. Ver, por exemplo, os trabalhos de: J. HERF, *Reactionary Modernism: Technology, Culture and Politics in Weimar and the Third Reich* (Cambridge University Press, 1986); Z. BAUMAN, *Modernity of Holocaust* (Cambridge, Polity Press, 1989); e E. TRAVERSO, *L'histoire déchirée: essai sur Auschwitz et les intellectuels* (Paris, Cerf, 1997). J. Herf caracteriza como "modernismo reacionário" a ideologia do III Reich e analisa nesse quadro os escritos de ideólogos fascistas conhecidos e os documentos de associações de engenheiros pró-nazistas. Quanto ao sociólogo Zygmunt Bauman, analisa o genocídio dos judeus e dos ciganos como um produto típico da cultura racional burocrática e como um dos resultados possíveis do processo civilizatório enquanto racionalização e centralização da violência e enquanto produção social da indiferença moral. "Como qualquer outra ação conduzida de maneira moderna – racional, planejada, cientificamente informada, gerenciada de maneira eficaz e coordenada – o Holocausto deixou para trás... todos os seus pretensos equivalentes pré-modernos, revelando-os como primitivos, dissipadores e ineficazes comparativamente". Enfim, segundo Enzo Traverso, nos campos de extermínio nazistas, encontramos uma combinação de diferentes instituições típicas da modernidade:

como um capuz de monge"[90]. Essa afirmação me parece discutível. Ela provoca muitas questões, por exemplo:

- É tão certo que se possa falar de "progresso" na esfera das formas de dominação – *Herrschaft* – se compararmos o século XX – a era dos totalitarismos e genocídios – com o século XIX?

- O materialismo histórico é necessariamente uma doutrina evolucionista? Não encontramos no próprio Marx textos evolucionistas assim como não evolucionistas – como, por exemplo, seus últimos escritos sobre a Rússia? E, se é verdade que as tendências evolucionistas e positivistas predominaram no marxismo desde o final do século XIX, não encontramos *também* eminentes representantes do materialismo histórico não evolucionista, desde Antonio Labriola e Rosa Luxemburgo até a própria Escola de Frankfurt, de que Habermas se pretende herdeiro?

- A crítica ao evolucionismo histórico e à sua fé no progresso irresistível das formas de dominação é necessariamente uma regressão obscurantista rumo ao passado – um "capuz de monge" – ou sobretudo, à luz das catástrofes do século XX, uma versão lúcida dos perigos que traz consigo a civilização moderna?

- Para o materialismo histórico, a grande disputa das lutas emancipadoras é uma melhora, um "progresso" nas formas de dominação ou sobretudo a abolição de qualquer *Herrschaft* de um ser humano sobre outro, de uma classe sobre outra – o verdadeiro estado de exceção, segundo Benjamin? O conceito de *Herrschaft* não designa, para ele, como para Max Weber, a possibilidade abstrata de se fazer obedecer[91], mas algo mais concreto e mais radical (como, por exemplo, em Maquiavel): o exercício autoritário

---

ao mesmo tempo, o presídio descrito por Foucault, a fábrica capitalista de que falava Marx, a "organização científica do trabalho" de Taylor, a administração racional/burocrática segundo Max Weber.

[90] J. HABERMAS, "L'actualité de Walter Benjamin", cit., p. 12 (tradução francesa ligeiramente modificada por mim).

[91] Segundo Weber, "Dominação (*Herrschaft*) significa a chance de encontrar pessoas determinadas prontas para obedecer a uma ordem de conteúdo determinado". M. WEBER, *Économie et société* (Paris, Plon, 1972), p. 56 [ed. bras.: *Economia e sociedade*, Brasília, UNB, 1994].

do poder por meio de uma associação sempre específica da manipulação e da violência. Aliás, ele utiliza frequentemente o termo mais explícito *Unterdrückung*, opressão: nas "teses" e nas notas preparatórias, as classes reinantes são designadas tanto como *die Herrchenden*, as dominantes, quanto como *die Unterdrücker*, as opressoras. A crítica da dominação da Escola de Frankfurt foi, sem dúvida, influenciada por Benjamin, mas Adorno e Horkheimer insistem menos no poder de classe – a associação entre dominação e exploração – do que no autoritarismo estatal, a "administração total". No entanto, todos compartilham da preocupação de Marx com a dominação exercida por estruturas impessoais alienadas, como o capital ou a mercadoria.

A última parte da tese XI é de uma extraordinária atualidade: trata-se de uma crítica radical à exploração capitalista da natureza, e à sua glorificação pelo marxismo vulgar, de inspiração positivista e tecnocrática. Também nessa área, Benjamin ocupa uma posição singular no panorama do pensamento marxista da primeira metade do século. Antecipando as preocupações ecológicas do final do século XX, ele sonha com um novo pacto entre os humanos e seu meio ambiente.

Benjamin se opõe à ideologia "progressista" de um certo socialismo "científico" – representado aqui pelo socialpositivista alemão Joseph Dietzgen, muito esquecido hoje, mas muito popular na social-democracia alemã da virada do século (e citado muitas vezes por Lenin em *Materialismo e empiriocriticismo**, sua obra mais "ortodoxa") – que reduz a natureza a uma matéria-prima da indústria, a uma mercadoria "gratuita", a um objeto de dominação e de exploração ilimitada. Contra essa conduta, Benjamin não hesita em apelar para as utopias dos primeiros socialistas – *Vormärz*, do Pré-Março de 1848 – e, particularmente, para os sonhos fantásticos de Fourier (que serão saudados com fervor por André Breton, dez anos depois). Sensível à poesia e ao encantamento desses sonhos, Benjamin os interpreta como uma intuição de outra relação, não destruidora, com a natureza, levando a novas descobertas científicas – a eletricidade poderia ser um exemplo de força virtual "que dorme

---

* *Matérialisme et empiriocritisme* [ed. bras.: *Materialismo e empiriocriticismo*, em *Obras escolhidas*, São Paulo, Alfa-Omega, 1982].

na natureza" – e, ao mesmo tempo, ao restabelecimento da harmonia perdida entre a sociedade e o ambiente natural...

O interesse e a admiração de Benjamin por Fourier não parou de crescer durante os anos 1930. *Das Passagen-Werk* esclarece as observações da tese XI: Benjamin não opõe Fourier a Marx – ele observa com cuidado todos os elogios de Marx e de Engels à "colossal concepção do ser humano" e às geniais "intuições de um mundo novo" do inventor dos falanstérios – mas ao marxismo vulgar

Grandville, "Le système de Fourier", *Un autre monde*, 1844.

comum nas principais correntes da esquerda[92]. Associando estreitamente a abolição da exploração do trabalho humano e a da natureza, Benjamin encontra no "trabalho apaixonado" dos harmonienses, inspirado na "brincadeira de crianças", o modelo utópico de uma atividade emancipada. E escreve: "Fazer da brincadeira o cânon de um trabalho, que não é mais explorado, é um dos maiores méritos de Fourier. Um trabalho cujo espírito, constituído assim pela brincadeira, não é mais orientado para a produção de valores, mas para uma natureza aperfeiçoada. É à custa disso que se assistirá ao nascimento de um mundo novo em que a ação é irmã do sonho."[93]

Em *Das Passagen-Werk*, o nome de Fourier é associado ao de Bachofen, que havia descoberto na sociedade matriarcal a imagem ancestral dessa reconciliação, sob a forma de culto à natureza como mãe generosa – em oposição radical à concepção assassina (*mörderische*) da exploração da natureza, dominante desde o século XIX. Na harmonia ideal entre a sociedade e a natureza com a qual sonhava o socialista utópico, Benjamin percebe reminiscências de um paraíso pré-histórico perdido. É a razão pela qual, no ensaio "Paris, capital do século XIX" (1939), ele se refere a Fourier como exemplo da conjunção entre o antigo e o novo em uma utopia que dá vida nova aos símbolos primitivos (*Uralte*) do desejo[94].

---

[92] W. BENJAMIN, "Paris, die Hauptstadt des XIX. Jahrhunderts", cit., p. 64: "Marx tomou posição diante de Carl Grün para defender Fourier e valorizar sua concepção colossal do homem. Ele considerava Fourier o único homem ao lado de Hegel que descobriu a mediocridade do princípio do pequeno-burguês. (...) Uma das características mais marcantes da utopia fourierista é que a ideia de exploração da natureza pelo homem, tão espalhada na época posterior, lhe é estranha". Como observou, com pertinência, Philippe Ivernel, Benjamin vai "cruzar" os pensamentos de Marx e de Fourier, "de tal forma que eles se corrigem, se redirecionam e se dinamizam mutuamente" ("Paris capitale du Front populaire ou la vie posthume du XIXe siècle" em H. WISMANN (org.) *Walter Benjamin et Paris*, p. 266).

[93] W. BENJAMIN, *Das Passagen-Werk*, cit., p. 456.

[94] Ibidem, p. 47: A maquinaria das paixões de Fourier "produz o país imaginário que tem tudo em abundância, o símbolo primitivo, que a utopia de Fourier encheu de vida nova. Cf. p. 456, em que Benjamin passa de Fourier a Bachofen. Ver também o artigo sobre Bachofen de 1935, mencionado em nossa introdução.

TESE XII

*"Precisamos da história, mas precisamos dela
de outra maneira que o mimado caminhante
ocioso no jardim do saber."*
Nietzsche, *Segunda consideração
intempestiva: da utilidade e
desvantagem da história para a vida.*

O sujeito do conhecimento histórico é a própria classe oprimida, a classe combatente. Em Marx ela se apresenta como a última classe escravizada, a classe vingadora que, em nome de gerações de derrotados, leva a termo a obra de libertação. Essa consciência que, por pouco tempo, se fez valer ainda uma vez no "Spartacus", desde sempre escandalizou a social-democracia. No decurso de três decênios, a social-democracia quase conseguiu apagar o nome de um Blanqui, cujo som de bronze abalara o século anterior. Ela teve comprazer em atribuir à classe trabalhadora o papel de redentora das gerações futuras. Com isso ela lhe cortou o tendão da melhor força. Nessa escola a classe trabalhadora desaprendeu tanto o ódio quanto a vontade de sacrifício. Pois ambos se nutrem da visão dos ancestrais escravizados, e não do ideal dos descendentes libertados.

A epígrafe remete ao texto de Nietzsche que já mencionamos várias vezes. A citação contém somente a parte crítica, mas é interessante levar em consideração a alternativa que ele propõe na continuação de seu ensaio de 1873. Segundo Nietzsche, a história – no sentido de historiografia – não deve ser um luxo, um passeio ocioso, um assunto de curiosidade arqueológica, mas deve servir para o presente: "A história é útil apenas quando serve para a vida e para a ação". Ele designa suas considerações sobre a história como "intempestivas", porque são "contra o tempo, para agir sobre o tempo e para favorecer o acontecimento de um tempo futuro"[95]. Essas observações correspondem perfeitamente às intenções de Benjamin.

A primeira frase, sobre o sujeito do conhecimento, lembra uma ideia que perpassa os principais escritos de Rosa Luxemburgo: a consciência de classe – e, portanto, o conhecimento – resulta antes de mais nada da prática de luta,

---

[95] F. NIETZSCHE, *Unzeitgemässe Betrachtunge: Zwrites Stück*, cit., p. 3-5.

da experiência ativa da classe operária. Essa proposta se distingue claramente daquela – comum a Karl Kautsky e ao Lenin de *Que fazer?*[*] – que considera o conhecimento – ou a consciência socialista – como algo que deve ser introduzido na classe "a partir de fora", pelos intelectuais e pelos teóricos. Nada indica que Benjamin tenha lido os escritos de Rosa Luxemburgo – ele não os cita em lugar algum – mas, sem dúvida, tomou conhecimento de suas ideias por sua apresentação feita por Georg Lukács em vários capítulos de *História e consciência de classe* (1923).

É nessa mesma obra – cuja importância é sabida para a "conversão" de Benjamin ao marxismo – que se acha uma segunda significação possível da tese XII: trata-se da polêmica de Lukács contra a concepção do materialismo histórico enquanto conhecimento científico "neutro" proposta pelos teóricos da social--democracia, Karl Kautsky e Rudolf Hilferding. Para *História e consciência de classe*, o marxismo representa uma forma de conhecimento superior porque se coloca do ponto de vista de classe do proletariado – que é o sujeito da ação e, ao mesmo tempo, o sujeito do conhecimento. O texto de Benjamin retoma, quase literalmente, passagens de Lukács e é possível se perguntar se onde está escrito "Marx" na tese XII não se deveria ler "Lukács"[96].

A última classe que luta contra a opressão e que é encarregada, segundo Marx, da "obra de libertação" – o proletariado – não pode realizar esse papel, segundo Benjamin, se esquecer seus ancestrais martirizados: não há luta pelo futuro sem memória do passado. Trata-se do tema da redenção das vítimas da história, que já encontramos nas teses II, III e IV, em seu duplo alcance, teológico e político.

---

[*] *Chto dielat?* [ed. bras.: *Que fazer?*, São Paulo, Hucitec, 1979].

[96] Eis algumas passagens do livro de Lukács, que mostram claramente que ele constitui a principal referência teórica para a tese XII: "A dialética materialista, enquanto conhecimento da realidade, somente é possível do ponto de vista de classe, do ponto de vista da luta do proletariado. (...) A luta de classes do proletariado, guerra emancipadora da última classe oprimida, encontrou, na revelação da verdade, seu grito de guerra e, ao mesmo tempo, sua arma mais eficaz" (G. LUKÁCS, *Histoire et conscience de classe*, cit., p. 45, 258-9). Para uma discussão das teses de Lukács, remeto a meu livro *Paysages de la vérité: introduction à une sociologie critique de la connaissance* (Paris, Anthropos, 1985).

A insistência de Benjamin sobre os ancestrais vencidos pode parecer estranha. Ela é, sem dúvida, unilateral, uma vez que a luta contra a opressão se inspira tanto em vítimas do passado quanto em esperanças para as gerações do futuro – e também, ou sobretudo, na solidariedade com as do presente. Ela faz pensar no imperativo judaico: *Zachor*, lembre-se! Lembre-se de seus ancestrais que foram escravos no Egito, massacrados por Amalek, exilados na Babilônia, dominados por Tito, queimados vivos pelas Cruzadas e assassinados pelos *pogroms*. Encontramos o culto aos mártires, de uma outra forma, no cristianismo, que fez de um profeta crucificado seu Messias e de seus discípulos torturados seus santos. Mas o próprio movimento operário seguiu esse paradigma, de uma maneira perfeitamente profana. A fidelidade à memória dos "mártires de Chicago" – os sindicalistas e anarquistas executados pelas autoridades americanas em 1887, em uma paródia de justiça – inspirou, ao longo de todo o século XX, o ritual do 1º de maio. Sabe-se da importância, para o movimento comunista em seus primeiros anos, da lembrança dos assassinatos de Karl Liebknecht e de Rosa Luxemburgo em 1919. Mas talvez a América Latina

Os judeus escravos no Egito, *agadah* do século XVII.

represente o exemplo mais impressionante do papel inspirador das vítimas do passado, se pensarmos no lugar que ocuparam no imaginário revolucionário dos últimos trinta anos as figuras de José Marti, Emiliano Zapata, Augusto Sandino, Farabundo Marti e, mais recentemente, Ernesto Che Guevara. Se pensarmos em todos esses exemplos – e em muitos outros que poderíamos citar – a afirmação de Benjamin, segundo a qual as lutas são mais inspiradas na memória viva e concreta dos ancestrais dominados do que naquela, ainda abstrata, das gerações futuras, parece menos paradoxal.

A memória coletiva dos vencidos se distingue de diversos panteões estatais para a glória dos heróis da pátria, não só pela natureza dos personagens, sua mensagem e sua posição no campo do conflito social, mas também porque, aos olhos de Benjamin, ela simplesmente tem uma dimensão subversiva à medida que não é instrumentalizada a serviço de qualquer poder.

É evidente que a rememoração das vítimas não é, para ele, uma lamúria melancólica ou uma meditação mística. Ela só tem sentido quando se torna uma fonte de energia moral e espiritual para aqueles que lutam hoje. Trata-se da dialética entre o passado e o presente já sugerida pela tese IV. Vale principalmente para o combate contra o fascismo, que busca sua força na tradição dos oprimidos. Em uma conversa, em 1938, com Brecht sobre os crimes hitleristas, Benjamin observa: "Enquanto ele falava assim, senti agir sobre mim uma força suficiente para enfrentar a do fascismo, quero dizer uma força que tem raízes tão profundas na história quanto a força fascista."[97]

Para evitar mal-entendidos, é útil voltar aos termos "ódio" e "vingança". Pode-se perguntar se, ao utilizar esses termos, Benjamin não responde, implicitamente, a Nietzsche. Este, como se sabe, designava pelo termo depreciativo "ressentimento" a "sede de vingança e de ódio" dos oprimidos, dos esmagados, dos subjugados. De seu ponto de vista aristocrático, tratava-se de uma "sublevação dos escravos contra a moral", baseada na inveja, no rancor e na impotência, que tem sua origem nos judeus, esse "povo sacerdotal do ressentimento por excelência"[98]. Para Benjamin, as emoções dos oprimidos, longe

---

[97] W. Benjamin, *Écrits autobiographiques*, cit., p. 364.
[98] F. Nietzsche, *La généalogie de la morale* (Paris, Gallimard, 1972), p. 45-6, 58-9, 68. [ed. bras.: *Genealogia da moral*, São Paulo, Companhia das Letras, 1998, trad. Paulo

de serem a expressão de um ressentimento invejoso, de um rancor impotente, são fonte de ação, de revolta ativa, de práxis revolucionária. O conceito de "ódio" se refere sobretudo à indignação diante dos sofrimentos do passado e do presente, e à hostilidade irreconciliável à opressão, principalmente em sua última e aterrorizante manifestação: o fascismo. Não se pode lutar contra o III Reich, parece sugerir Benjamin, sem que se tenha uma profunda aversão pelo nazismo, aversão que planta suas raízes nas lutas do passado. Como Marx, em *O capital*, Benjamin não prega o ódio aos indivíduos, mas a um sistema. Quanto à vingança das vítimas do passado, trata-se simplesmente da reparação dos crimes a que foram subjugados e da condenação moral daqueles que os infligiram. Segundo o dicionário *Petit Robert*, a vingança é a "reparação moral da ofensa por punição do ofensor". Tratando-se de uma ofensa cometida há séculos ou milênios, pode se tratar apenas de um castigo moral... Benjamin não pensaria em vingar Spartacus e seus camaradas punindo os cidadãos italianos do século XX! Ao contrário, a derrocada do fascismo – que se apresentava como herdeiro do Império romano – seria *também* uma "vingança da história" dos escravos crucificados e um questionamento da vitória do patriciado romano.

O importante, aos olhos do autor das teses, é que a última classe subjugada, o proletariado, vê-se como herdeira de vários séculos ou milênios de lutas, de combates derrotados dos escravos, dos servos, dos camponeses e dos artesãos. A força acumulada dessas tentativas torna-se a matéria explosiva com a qual a classe emancipadora do presente poderá interromper a continuidade da opressão.

A tese XII se refere a dois grandes testemunhos históricos para reforçar seu argumento. O primeiro é Spartacus, ou sobretudo a Liga Spartakista (*Spartakusbund*), fundada por Rosa Luxemburgo e Karl Liebknecht, que em janeiro de 1919 assume a direção de uma insurreição operária espontânea

---

César de Souza.] É importante observar que o ódio e a vingança, "a embriaguês da doce vingança ('mais doce que o mel', já dizia Homero)", não são condenados por Nietzsche, desde que sejam voltados contra um inimigo pessoal – Aquiles que combate Heitor para vingar seu amigo Pátroclo – e não contra a "injustiça" (p. 63). Para Benjamin, trata-se precisamente do oposto.

em Berlim – esmagada com derramamento de sangue por Gustav Noske, ministro do Interior social-democrata. O aspecto que Benjamin ressalta é a consciência histórica que se manifesta no nome da organização: o proletariado moderno como herdeiro dos escravos revoltados contra o Império romano. A revolta de 1919 torna-se, assim, momento de um combate universal que dura há milênios e não, como se costuma apresentá-lo, um avatar da política interna alemã do pós-guerra.

Auguste Blanqui, pintura de Madame Blanqui (1835).

A outra figura é Auguste Blanqui "cujo som de bronze abalara o século anterior". O personagem de Blanqui, esse grande vencido, trancado nos calabouços das monarquias, das repúblicas e dos impérios durante dezenas de anos, sem no entanto parar de personificar a mais irreconciliável oposição revolucionária à ordem existente das coisas, fascinava Benjamin. O "som de bronze" é, sem dúvida, uma referência às badaladas no sino de bronze que fazia soar, no sentido figurado, esse profeta armado, para advertir os oprimidos da catástrofe iminente.

Benjamin se interessa não só pela figura histórica, mas também pelo pensador, de quem ele conhecia as reflexões graças à esplêndida biografia de Gustave Geoffroy. Ao definir os proletários como "escravos modernos", Blanqui manifestava uma visão da história análoga à dos spartakistas. Por outro lado, era um adversário resoluto do positivismo e das ideologias do progresso. Geoffroy cita em seu livro afirmações de Blanqui feitas em 1862: "Não sou daqueles que pretendem que o progresso seja óbvio, que a humanidade não possa recuar... Não, não há fatalidade, caso contrário a história da humanidade que se escreve de hora em hora, seria toda escrita antecipadamente"[99]. Talvez seja pensando em observações desse gênero que Benjamin tenha salientado, em uma passagem de "Parque central": "A atividade de conspirador profissional como foi Blanqui não supõe de maneira alguma a fé no progresso. Ela supõe, fundamentalmente, apenas a resolução de eliminar a injustiça presente. Essa resolução de, no último momento, arrancar a humanidade da catástrofe que a ameaça permanentemente, foi fundamental para Blanqui (...)."[100]

---

[99] G. GEOFFROY, *L'enfermé* (Paris, Les Éditions G. Crès, 1926), v. II, p. 19-20. Segundo Miguel Abensour, nas teses de Benjamin "aparece em filigrana a sombra de Blanqui. Como se o autor, na textura de suas teses, tivesse tecido um comentário esotérico sobre os manuscritos de Blanqui: aí se reconhece o salto do tigre. Especialista em colagem, Benjamin age como se pegasse as armas forjadas por Blanqui contra o positivismo a fim de dar seus próprios golpes naqueles que se entregam no bordel do historicismo" ("Libérer l'enfermé", posfácio a A. BLANQUI, *Instructions pour une prise d'armes*, Paris, La Tête des Feuilles, 1972, p. 206). Cf. também de M. ABENSOUR, "Walter Benjamin entre mélancolie et révolution. Passages Blanqui", em H. WISMANN (org.), *Walter Benjamin et Paris* (Paris, Cerf, coll. "Passages", 1986).

[100] W. BENJAMIN, "Zentralpark", 1938, cit., p. 40. Daniel Bensaïd observa, em seu belo livro sobre Benjamin, que este compartilha com Blanqui de uma certa concepção

Na tradução francesa das teses, feita por Benjamin, existe uma última frase, ausente do texto alemão: "Para nós, nossa geração foi paga para saber disso, pois a única imagem que ela vai deixar é a de uma geração vencida. Esse será seu legado para os que vierem" (*GS* I, 3, p. 1264). Ela mostra, de maneira explícita e direta, que quando ele fala dos vencidos da história está pensando também em si mesmo e em sua geração. Isso esclarece a *Stimmung* [atmosfera] do conjunto das teses, como sugere uma de suas últimas cartas, dirigida a seu amigo S. Lackner no dia 5 de maio de 1940: "Acabo de terminar um pequeno ensaio sobre o conceito de história, um trabalho que foi inspirado não só pela nova guerra, mas por toda a experiência de minha geração, que deve ser uma das mais duramente submetidas às provações da história."[101] Com o mesmo espírito, ele menciona em uma das notas preparatórias o célebre poema de Brecht, "An die Nachgeborenen" [Aos que vierem depois de nós], em que o escritor pede às gerações seguintes que se lembrem dos sofrimentos da sua. Benjamin acrescenta esse comentário dilacerante: "Pedimos àqueles que vierem depois de nós não a gratidão por nossas vitórias, mas a rememoração de nossas derrotas. Isso é um consolo: o único consolo dado àqueles que não têm mais esperança de serem consolados" (*GS* I, 3, p. 1240).

---

melancólica da história, baseada na visão infernal da eterna volta das derrotas (*Walter Benjamin: sentinelle messianique*, cit., p. 43).

[101] Documento citado por C. KAMBAS em seu livro *Walter Benjamin im Exil. Zum Verhältnis von Literaturpolitik und Ästhetik* (Tübingen, Max Niemeyer, 1983), p. 218.

TESE XIII

"Nossa causa, com certeza, torna-se a cada dia mais clara e o povo mais inteligente."

Joseph Dietzgen,
La philosophie social-démocrate
[A filosofia social-democrata].

A teoria social-democrata, e, mais ainda, a sua práxis estavam determinadas por um conceito de progresso que não se orientava pela realidade, mas que tinha uma pretensão dogmática. O progresso, tal como ele se desenhava na cabeça dos social-democratas, era, primeiro, um progresso da própria humanidade (e não somente das suas habilidades e conhecimentos). Ele era, em segundo lugar, um progresso interminável (correspondente a uma perfectibilidade infinita da humanidade). Em terceiro lugar, ele era tido como um progresso essencialmente irresistível (como percorrendo, por moto próprio, uma trajetória reta ou em espiral). Cada um desses predicados é controverso, e cada um deles oferecia flanco à crítica. Mas essa, se ela for implacável, tem de remontar muito além de todos esses predicados e dirigir-se àquilo que lhes é comum. A representação de um progresso do gênero humano na história é inseparável da representação do avanço dessa história percorrendo um tempo homogêneo e vazio. A crítica à representação desse avanço tem de ser a base crítica da representação do progresso em geral.

A epígrafe de Dietzgen – escolhido mais uma vez como exemplo típico do "progressismo" social-democrata medíocre e limitado – ilustra uma visão otimista linear da história, alimentada por uma leitura superficial do *Aufklärung*: desenvolvimento irresistível e ininterrupto da "clareza" e da "inteligência". A realidade trágica do fascismo está aí para desmentir esse tipo de automistificação, de coloração populista.

Examinemos as três críticas que a tese não desenvolve, mas que são baseadas em uma visão alternativa da história:

1.   É preciso distinguir entre o progresso dos conhecimentos e das habilidades (*Fähigkeiten*) e o progresso da própria humanidade: este implica uma dimensão moral, social e política que não é redutível ao progresso científico e técnico. O movimento da história é necessariamente heterogêneo – desigual

e combinado, diria Trotski no livro *A história da Revolução Russa*[*], que Benjamin conhecia bem – e os avanços em uma dimensão da civilização podem ser acompanhados de regressões na outra (como já constatara a tese XI);

2. Quando se quer um "progresso da própria humanidade" não se pode confiar em um processo de aperfeiçoamento gradual e infinito, mas é preciso lutar por uma ruptura radical: o fim da história milenar da opressão – o fim da pré-história na linguagem de Marx. Cabe acrescentar que o próprio Benjamin não utiliza a expressão "fim da pré-história", mas se refere – de maneira bem elíptica, é preciso dizer – ao possível surgimento do "verdadeiro estado de exceção". Essa problemática escapa do evolucionismo e da teologia, uma vez que se trata de um objetivo pelo qual se luta e de uma possibilidade objetiva, mas nunca do inevitável resultado das "leis da história". Como escreve Benjamin, em uma das formulações mais marcantes de *Das Passagen-Werk*: "A experiência de nossa geração: que o capitalismo não morrerá de morte natural."[102];

3. Não há, portanto, progresso "automático" ou "contínuo"; a única continuidade é a da dominação e o automatismo da história simplesmente reproduz esta ("a regra"). Os únicos momentos de liberdade são interrupções, descontinuidades, quando os oprimidos se sublevam e tentam se autoemancipar[103].

Para ser eficaz, essa crítica às doutrinas progressistas deve atacar seu fundamento comum, sua raiz mais profunda, sua quintessência oculta: o dogma de uma temporalidade homogênea e vazia. Veremos nas próximas teses o significado desse conceito e a alternativa que ele propõe: o tempo qualitativo, heterogêneo e pleno.

---

[*] Ed. bras.: São Paulo, Paz e Terra, 1980.

[102] *Das Passagen-Werk*, cit., p. 819.

[103] Uma nota preparatória revela o projeto de uma crítica ao conjunto das teorias do progresso, *inclusive à de Marx*: "Crítica à teoria do progresso de Marx. O progresso é, aqui, definido pelo desenvolvimento das forças produtivas. Mas a essas pertence o ser humano e, portanto, o proletariado. Consequentemente, a questão dos critérios é apenas deslocada" (*GS* I, 3, p. 1239). Infelizmente, Benjamin não pôde desenvolver essa crítica a um conceito – o de "forças produtivas" – que ocupa um lugar central em todas as variantes produtivistas, economicistas e evolucionistas da teoria marxista do progresso.

O que está em jogo no debate está longe de ser puramente teórico e filosófico. Trata-se, salienta Benjamin, de uma certa atitude prática, que combina o otimismo do progresso com a ausência de iniciativa, a passividade, o imobilismo. Uma atitude que, como vimos a propósito da tese XI, encontra seu desvendamento trágico na capitulação sem combate da esquerda alemã diante de Hitler em 1933, ou – para dar um exemplo que Benjamin não menciona, mas que também estava presente em sua mente no momento em que redigiu as teses – da (maior parte da) esquerda francesa diante de Pétain em 1940.

TESE XIV

Origem é o fim.
Karl Kraus, *Paroles en vers*, I
[*Palavras em versos*].

A história é objeto de uma construção, cujo lugar não é formado pelo tempo homogêneo e vazio, mas por aquele saturado pelo tempo-de-agora (Jetztzeit). *Assim, a antiga Roma era, para Robespierre, um passado carregado de tempo-de-agora, passado que ele fazia explodir do contínuo da história. A Revolução Francesa compreendia-se como uma Roma retornada. Ela citava a antiga Roma exatamente como a moda cita um traje do passado. A moda tem faro para o atual, onde quer que este se mova no emaranhado do outrora. Ela é o salto do tigre em direção ao passado. Só que ele ocorre numa arena em que a classe dominante comanda. O mesmo salto sob o céu livre da história é o salto dialético, que Marx compreendeu como sendo a revolução.*

Em uma carta a Horkheimer, pouco depois de ter recebido (1941) um exemplar das teses, Adorno comparou a concepção do tempo da tese XIV com o *kairos* de Paul Tillich[104]. Na verdade, o socialista cristão, colaborador do Instituto de Pesquisa Social de Frankfurt nos anos 1920 e 1930, opunha ao *chronos*, tempo formal, o *kairos*, tempo histórico "pleno", em que cada instante contém uma chance única, uma constelação singular entre o relativo e o absoluto[105].

A epígrafe de Karl Kraus – *Ursprung ist der Ziel* – tem duplo significado: do ponto de vista teológico, a redenção leva – como vimos anteriormente – à volta ao paraíso perdido: o *tikkun*, a *apocatástase*, a *restitutio ominium*. Aliás, foi o que o próprio Benjamin escreveu em seu artigo sobre Karl Kraus (1934), em que ele comenta essa expressão do escritor vienense nos seguintes termos: o mundo é concebido como "uma deriva, um desvio, uma guinada de volta

---

[104] Carta de 12 de junho de 1941 em W. BENJAMIN, *GS* VII, 2 (*Nachträge*), p. 774. Deve--se notar que, segundo Adorno, "nenhum outro trabalho de Benjamin é tão próximo de nossas intenções".

[105] Cf. R. KONERSMANN, *Erstarrte Unruhe. Walter Benjamin. Begriff der Geschichte* (Frankfurt, Fischer, 1991), p. 44-5.

ao Paraíso" (*Irrweg, Abweg, Umweg zum Paradies zurück*)[106]. Do ponto de vista político, a revolução é também – ver a tese IX – uma volta ao paraíso originário. Mas, na tese XIV, Benjamin se interessa por um outro tipo de relação com o passado: que poderia ser chamada "a citação revolucionária".

Como interpretar, nesse contexto, a surpreendente comparação entre a moda e a revolução? Uma observação em *Das Passagen-Werk* nos ajuda a compreender o paralelo. Aparentemente, elas têm a mesma conduta: enquanto a Revolução Francesa cita a Antiguidade romana, a moda do final do século XVIII cita a Antiguidade grega. Mas a temporalidade da moda é a do inferno: ao mesmo tempo que cultiva "a absurda superstição do novo" (Paul Valéry), ela é a eterna repetição do mesmo, sem fim, nem ruptura. Serve, então, às classes dominantes, de camuflagem para ocultar seu horror a qualquer mudança radical (Brecht)[107]. Ao contrário, a revolução é a interrupção da eterna volta e o surgimento da mudança mais profunda. Ela é um salto dialético, fora do contínuo, inicialmente rumo ao passado e, em seguida, ao futuro. O "salto do tigre em direção ao passado" consiste em salvar a herança dos oprimidos e nela se inspirar para interromper a catástrofe presente.

O passado contém o presente, *Jetztzeit* – "tempo-de-agora" ou "tempo atual". Em uma variante da tese XIV, o *Jetztzeit* é definido como um "material explosivo" ao qual o materialismo histórico junta o estopim. Trata-se de fazer explodir o contínuo da história (*GS* I, 3, p. 1249) com a ajuda de uma concepção do tempo histórico que o percebe como "pleno", carregado de momentos "atuais", explosivos, subversivos.

Para Robespierre, a República romana era carregada do "tempo-de-agora", desse *Jetztzeit* de que a República francesa de 1793 havia necessitado. Arrancada de seu contexto, torna-se um material explosivo no combate contra a monarquia para a interrupção de mil anos de continuidade real na história da Europa. A revolução presente se alimenta do passado, como o tigre do que encontra no mato. Mas trata-se de uma ligação fugaz, de um momento frágil, de uma constelação momentânea, que é preciso saber apreender; daí a imagem do "salto" da fera no tempo. Os heróis republicanos, como Brutus, figuram

---

[106] W. Benjamin, "Karl Kraus", *GS* I, 1, p. 360.
[107] W. Benjamin, *Das Passagen-Werk*, cit., p. 115, 121, 123.

entre as vítimas do passado, os vencidos da história imperial – a história que se escreve como uma sucessão de cortejos triunfais dos césares. Por isso, esses heróis podem ser "citados" pelos revolucionários franceses como referências eminentemente atuais.

Como se sabe, Marx havia criticado intensamente, em *O Dezoito Brumário**, as ilusões romanas dos jacobinos. Benjamin, que não podia ignorar esse célebre texto, contradiz aqui o fundador do materialismo histórico. Parece-nos que estava enganado e ao mesmo tempo tinha razão: estava enganado porque a república romana, escravagista e baseada no patriciado, não podia inspirar em nada os ideais democráticos de 1793. Além disso, é surpreendente que Benjamin não mencione – em vez de Robespierre – o exemplo de Gracchus Babeuf, que não "citava a Roma antiga", mas os tribunos da plebe romana. As fantasmagorias romanas dos jacobinos eram, como Marx demonstrara, uma ilusão. Mas o autor de *O Dezoito Brumário* foi muito precipitado ao concluir que as revoluções proletárias, ao contrário das burguesas, podiam tirar sua poesia somente do futuro e não do passado. A profunda intuição de Benjamin sobre a presença explosiva de momentos emancipadores do passado na cultura revolucionária do presente era legítima: assim, a da Comuna de 1793-1794 na Comuna de Paris de 1871, e desta na revolução de outubro de 1917. Em cada um desses casos, e seria possível multiplicar os exemplos, tanto na Europa quanto na América Latina, a sublevação revolucionária deu um "salto de tigre em direção ao passado", um salto dialético sob o livre céu da história, ao se apropriar de um momento explosivo do passado, carregado de "tempo-de--agora". A citação do passado não era necessariamente uma obrigação ou uma ilusão, mas podia ser uma fonte formidável de inspiração, uma arma cultural poderosa no combate presente.

Em uma outra nota preparatória, Benjamin opõe o contínuo histórico, que deriva dos opressores, à tradição, que deriva dos oprimidos. A tradição dos oprimidos – mencionada na tese VIII como fonte de verdadeira compreensão do fascismo – é, com a descontinuidade do tempo histórico e a força destrutiva da classe operária, um dos três principais momentos do materialismo histórico

---

* *Der Achtzehnte Brumaire des Louis-Bonapartes* (1852) [ed. bras.: *O Dezoito Brumário de Louis Bonaparte*, São Paulo, Centauro, 2003].

segundo Benjamin (*GS* I, 3, p. 1246). Essa tradição é descontínua. É composta de momentos excepcionais, "explosivos", na sucessão interminável das formas de opressão (*GS* I, 3, p. 1236). Mas, dialeticamente, ela tem sua própria continuidade: à imagem da explosão que deve quebrar o contínuo da opressão corresponde, no domínio da tradição dos oprimidos, a metáfora da tecelagem: de acordo com o ensaio sobre Fuchs, é preciso tecer na trama do presente os fios da tradição que se perderam durante séculos[108].

---

[108] W. BENJAMIN, "Eduard Fuchs", cit., p. 46.

TESE XV

A consciência de fazer explodir o contínuo da história é própria das classes revolucionárias no instante de sua ação. A Grande Revolução introduziu um novo calendário. O dia com o qual começa o novo calendário funciona como um condensador de tempo histórico. E, no fundo, é o mesmo dia que retorna sempre na figura dos dias de festa, que são dias da rememoração. Os calendários, portanto, não contam o tempo como relógios. Eles são monumentos de uma consciência da história da qual, há cem anos, parece não haver na Europa os mínimos vestígios. Ainda na Revolução de Julho ocorreu um incidente em que essa consciência se fez valer. Chegado o anoitecer do primeiro dia de luta, ocorreu que em vários pontos de Paris, ao mesmo tempo e sem prévio acerto, dispararam-se tiros contra os relógios das torres. Uma testemunha ocular, que, talvez, devesse à rima a sua intuição divinatória, escreveu então:

> *Qui le croirait! On dit qu'irrités contre l'heure*
> *De nouveaux Josués, au pied de chaque tour,*
> *Tiraient sur les cadrans pour arrêter le jour.*[*]

As classes revolucionárias, ou seja, não só o proletariado, mas todos os oprimidos do passado, têm consciência de poder explodir, por meio de sua ação, a continuidade histórica. De fato, somente a ação revolucionária pode interromper – por um tempo – o cortejo triunfal dos vencedores. Nas jaquerias camponesas, nas revoltas heréticas medievais ou na guerra dos camponeses do século XVI, essa consciência tomou a forma quiliasta ou apocalíptica do "final dos tempos" e do advento do milenarismo. Sem dúvida, Benjamin conhecia *Thomas Münzer, teólogo da revolução*[**] de seu amigo Ernst Bloch. Na grande Revolução Francesa – um modelo ao qual Benjamin não deixa de se referir ao longo de toda sua vida – essa consciência se manifesta por meio da introdução de um longo calendário a partir do dia da proclamação da República: 1793 era o ano I da nova era.

---

[*] Em francês no texto:
> *Quem poderia imaginar! Dizem que irritados contra a hora*
> *Novos Josués, ao pé de cada torre*
> *Atiraram nos relógios para parar o dia.*

[**] *Thomas Münzer, théologien de la révolution* [ed. bras.: *Thomas Münzer, teólogo da revolução*, Rio de Janeiro, Tempo Brasileiro, 1973].

O dia em que um novo calendário entra em vigor, escreve Benjamin, é um *historischer Zeitraffer* – conceito intraduzível, que Missac verte, erroneamente, por "o ritmo da história se acelera" e Gandillac, literalmente, por "condensador histórico do tempo". Em sua própria tradução, Benjamin propõe "uma espécie de abreviação histórica", que explicita assim: o primeiro novo dia integra todo o tempo anterior. Por quê? Talvez porque, nesse dia, se encontrem "condensados" todos os momentos de revolta do passado, toda a riqueza da tradição dos oprimidos. É o que sugere Benjamin, ao observar, em uma das notas preparatórias, que na ruptura da continuidade histórica – a revolução – ocorrem ao mesmo tempo um novo começo e a tradição (*GS* I, 3, p. 1242). Mas a expressão *historischer Zeitraffer* continua enigmática...

Para Benjamin, os calendários representam o contrário do tempo vazio: são expressão de um tempo histórico, heterogêneo, carregado de memória e de atualidade. Os feriados são qualitativamente distintos dos outros dias: são dias de lembrança, de rememoração, que expressam uma verdadeira consciência histórica. São, de acordo com a versão francesa, "tanto dias iniciais quanto dias de lembrança" (*GS* I, 3, p. 1265). Aqui, "o inicial" se refere a uma ruptura emancipadora ou redentora.

O calendário judaico é um exemplo evidente disso e, sem dúvida, Benjamin o tinha em mente no momento em que escreveu essas linhas: os principais feriados são consagrados à rememoração de acontecimentos redentores: a saída do Egito (*Pessach*), a revolta dos Macabeus (*Hanuka*), a salvação dos exilados na Pérsia (*Purim*). O imperativo da lembrança – *Zachor!* – é mesmo um dos elementos centrais do ritual da Páscoa judaica: lembre-se de seus ancestrais no Egito como se você mesmo tivesse sido um escravo naquele tempo[109].

Mas poderíamos citar outros feriados, profanos, como o 14 de julho francês ou o 1º de maio dos operários – dias "iniciais" de festa popular e de memória revolucionária, constantemente ameaçados pelo conformismo que tenta dominá-los.

---

[109] Referindo-se aos rituais judaicos e, particularmente, à *Haggadah* de *Pessach*, Y. H. YERUSHALMI escreve: "A memória não é mais aqui lembrança – o que manteria um sentimento da distância – mas reatualização" (*Zakhor: histoire et mémoire juive*, Paris, La Découverte, 1984, p. 60)

A tese XV continua a crítica encontrada nas duas que a precedem contra a concepção homogênea do tempo, mas ela identifica de modo mais preciso essa temporalidade vazia: a dos *relógios*. Trata-se do tempo puramente mecânico, automático, quantitativo, sempre igual a si mesmo, dos pêndulos: um tempo reduzido ao espaço.

A civilização industrial/capitalista é dominada, de maneira crescente desde o século XIX, pelo tempo do relógio de bolso ou de pulso, passível de uma medida exata e estritamente quantitativa. As páginas de *O capital* são cheias de exemplos terríveis da tirania do relógio sobre a vida dos trabalhadores. Nas sociedades pré-capitalistas, o tempo era carregado de significados qualitativos, que foram progressivamente substituídos, durante o processo de industrialização, pelo tempo único do relógio de pulso[110].

Para Benjamin, o tempo histórico não poderia ser confundido com o tempo dos relógios. Trata-se de uma temática que remonta a seus escritos de juventude: no artigo de 1916, publicado em francês com o título "Sur le Trauerspiel et la Tragédie" ele opõe o tempo da história, cheio de temporalidade messiânica, ao tempo mecânico e vazio dos relógios. Poucos anos depois, em sua tese *O conceito de crítica de arte no romantismo alemão* (1919) ele contrasta "o infinito temporal qualitativo" (*qualitative zeitliche Unendlichkeit*) do messianismo romântico com o "infinito temporal vazio" das ideologias do progresso[111].

A concepção do tempo que propõe Benjamin tem suas fontes na tradição messiânica judaica: para os hebreus, o tempo não era uma categoria vazia, abstrata e linear, mas inseparável de seu conteúdo[112]. Mas, de uma certa maneira, é o conjunto das culturas tradicionais, pré-capitalistas ou pré-industriais que guarda em seus calendários e suas festas, os vestígios da consciência histórica do tempo.

O ato dos revolucionários que atiraram nos relógios durante a revolução de julho de 1830 representa, aos olhos de Benjamin, essa consciência. Mas, nesse

---

[110] E. P. THOMPSON, "Time, Work-Discipline and Industrial Capitalism", em *Customs in Common* (Londres, Penguin Books, 1991).

[111] W. BENJAMIN, "Sur le Trauerspiel et la Tragédie", 1916, *Furor*, nº 2, outubro de 1982, p. 7-8 e *Der Begriff der Kunstkritik in der deutschen Romantik*, 1919, cit., p. 86-7.

[112] S. MOWINCKEL, *He that Cometh* (Oxford, Basil Blackwell, 1956), p. 106.

caso, não é o calendário que se confronta com o relógio: é o tempo histórico da revolução que ataca o tempo mecânico do pêndulo. A revolução é a tentativa de interromper o tempo vazio, graças à irrupção do tempo qualitativo, messiânico – como Josué, segundo o Antigo Testamento, suspendeu o movimento do sol, para ganhar o tempo necessário à sua vitória.

No *Baudelaire* de Benjamin, também encontramos uma referência a Josué e a essa aspiração de deter a marcha do tempo: "Interromper o curso do mundo – esse era o desejo mais profundo de Baudelaire. O desejo de Josué."[113] Trata-se da interrupção ao mesmo tempo messiânica e revolucionária do curso catastrófico do mundo. Em julho de 1830, as classes revolucionárias – tais como "novos Josués" – mais uma vez tiveram consciência de que sua ação "fazia explodir a continuidade histórica" da opressão.

Um exemplo latino-americano recente traduz, de maneira extraordinária, essa aspiração no terreno simbólico – contestatório mais do que revolucionário. Durante as manifestações populares de protesto – por iniciativa de organizações

Jovens índios brasileiros protestam em frente ao relógio das comemorações oficiais do V centenário da descoberta do Brasil, abril de 2000.

---

[113] W. Benjamin, *Charles Baudelaire*, cit., p. 223.

sindicais operárias e camponesas, e de movimentos negros e indígenas – contra as comemorações oficiais (governamentais) do 500º aniversário da "descoberta" do Brasil pelos navegantes portugueses em 1500, um grupo de índios atirou flechas contra o relógio (patrocinado pela Rede Globo de Televisão) que marcava os dias e as horas do centenário...

TESE XVI

O materialista histórico não pode renunciar ao conceito de um presente que não é transição, mas no qual o tempo estanca e ficou imóvel (Stillstand). *Pois esse conceito define exatamente o presente em que ele escreve história para si mesmo. O Historicismo arma a imagem "eterna" do passado, o materialista histórico, uma experiência com o passado que se firma aí única. Ele deixa aos outros se desgastarem com a prostituta "era uma vez" no prostíbulo do Historicismo. Ele permanece senhor de suas forças: viril o bastante para fazer explodir o contínuo da história.*

Continuando sua polêmica contra o historicismo, Benjamin formula uma curiosa alegoria. Pode-se interpretá-la assim: a prostituta "era uma vez", instalada no bordel "historicismo", recebia os vencedores um após outro. Ela não tinha escrúpulos para se dar a um e, em seguida, abandoná-lo em prol do seguinte. Sua sucessão constitui o contínuo da história: era uma vez Júlio César, era uma vez Carlos Magno, era uma vez o papa Borgia e assim por diante.

Por outro lado, o adepto do materialismo histórico – que não tem necessidade de ser, ao contrário do que Benjamin dá a entender, do sexo masculino ("viril")... – vive, com uma imagem do passado, uma experiência única. O ensaio sobre Fuchs, que contém uma espécie de variante da tese XVI, explica: trata-se de perceber – "num lampejo", como diz a tese V – a constelação crítica que esse fragmento do passado forma precisamente com o presente em questão[114]. Por exemplo, entre Walter Benjamin, em um momento de perigo supremo, em 1940, e Auguste Blanqui, o preso, o revolucionário esquecido. Ou ainda, na obra de Bloch mencionada anteriormente, entre as sublevações revolucionárias na Alemanha dos anos 1919-1921 – aquele momento presente "em que ele pessoalmente escreve a história" – e a insurreição camponesa incitada por Thomas Münzer. No entanto, para que essa constelação possa se formar, é preciso que o presente fique imóvel (*Stillstand*) por um momento: é o equivalente, no nível da historiografia, à interrupção revolucionária da continuidade histórica.

---

[114] W. Benjamin, "Eduard Fuchs", cit., p. 42-3.

De acordo com o ensaio sobre Fuchs, a experiência única do passado libera as energias poderosas que jaziam atadas no "era uma vez" do historicismo[115]. Em outras palavras: enquanto a abordagem conformista e pseudo-objetiva de Ranke e de Sybel neutraliza e esteriliza as imagens do passado, a conduta do materialismo histórico descobre as energias explosivas ocultas que se encontram em um momento preciso da história. Essas energias, que são as do *Jetztzeit*, são como a faísca que sai de um curto-circuito, permitindo "fazer explodir" a continuidade histórica.

Um exemplo atual, no contexto latino-americano, ilustra de maneira impressionante as ideias de Benjamin: a sublevação zapatista de Chiapas em janeiro de 1994. Por um "salto de tigre em direção ao passado", os combatentes indígenas do EZLN liberaram as energias explosivas da lenda de Emiliano Zapata[116], extirpando o conformismo da história oficial e explodindo a pretensa continuidade histórica entre a revolução mexicana de 1911-1917 e o regime corrupto e autoritário do PRI – "Partido Revolucionário Institucional"[117].

---

[115] Ibidem, p. 42.

[116] Eis uma passagem de um comunicado de 14 de fevereiro de 1994 do Comitê Clandestino Revolucionário Indígena do EZLN: "Nas palavras dos mais antigos de nossos antepassados se encontrava também a esperança para nossa história. E, em suas palavras, apareceu a imagem de um homem como nós: Emiliano Zapata. E aí vimos o lugar para onde deveriam evoluir nossos passos para se tornarem verdadeiros, e nossa história feita de luta retomou nossas veias, e nossas mãos se encheram dos gritos dos nossos, e a dignidade voltou às nossas bocas e vimos um mundo novo" (Subcomandante Marcos, *Ya Basta! Les insurgés zapatistes racontent un an de révolte au Chiapas*, Paris, Dagorno, 1994, p. 166).

[117] Primeira grande revolução social do século, a revolução mexicana derrubou a ditadura do general Porfirio Diaz em 1911. Os exércitos camponeses dirigidos, no Sul, por Emiliano Zapata, e, no Norte, por Francisco Villa, tomaram a capital, México, em 1914, mas não conseguiram criar um poder revolucionário ou impor seu programa agrário radical. Os generais e os políticos moderados que tomaram a direção da revolução – após terem vencido e mandado assassinar Zapata e Villa – conseguiram impor sua hegemonia no país de maneira duradoura. Ao se apresentarem como os herdeiros dos ideais da revolução de 1911-1917, fundaram, nos anos 1940 – depois do parêntese radical do governo de Lazaro Cardenas – o "Partido Revolucionário Institucional", que continuou no poder até o final do século XX.

TESE XVII

O Historicismo culmina de direito na história universal. Dela se destaca, pelo seu método, a historiografia materialista, de maneira talvez mais clara do que qualquer outra. A primeira não tem armação teórica. Seu procedimento é aditivo: ela mobiliza a massa dos fatos para preencher o tempo homogêneo e vazio. À historiografia materialista subjaz, por sua vez, um princípio construtivo. Ao pensar pertence não só o movimento dos pensamentos, mas também a sua imobilização (Stillstellung). Onde o pensamento se detém repentinamente numa constelação saturada de tensões, ele confere à mesma um choque através do qual ele se cristaliza como mônada. O materialismo histórico se acerca de um objeto histórico única e exclusivamente quando este se apresenta a ele como uma mônada. Nessa estrutura ele reconhece o signo de uma imobilização messiânica do acontecer, em outras palavras, de uma chance revolucionária na luta a favor do passado oprimido. Ele a arrebata para fazer explodir uma época do decurso homogêneo da história; do mesmo modo como ele faz explodir uma vida determinada de uma época, assim também ele faz explodir uma obra determinada da obra de uma vida. Este procedimento consegue conservar e suprimir na obra a obra de uma vida, na obra de uma vida, a época, e na época, todo o decurso da história. O fruto nutritivo do que foi compreendido historicamente tem em seu interior o tempo como semente preciosa, mas desprovida de gosto.

Contra a concepção historicista quantitativa do tempo histórico como acumulação, Benjamin esboça sua concepção qualitativa, descontínua, do tempo histórico[118]. Existe uma impressionante afinidade entre as ideias de Benjamin e as de Charles Péguy, um autor com o qual ele se sentia em profunda "comunhão"[119]. Segundo Péguy, em *Clio* – um texto publicado em 1931, que Benjamin poderia

---

[118] Como observa tão bem S. Mosès: "O que Benjamin... extrai da experiência religiosa é precisamente a extrema atenção à diferença qualitativa do tempo, à unicidade incomparável de cada instante. Se há um ponto em que a vigilância política se articula mais de perto com a sensibilidade religiosa, é exatamente aqui, no próprio cerne da percepção do tempo" (*L'ange de l'histoire*, p. 166).

[119] Cf. a carta de 15 de setembro de 1919 a Scholem: "Reli um pouco de Péguy. No caso, eu me sinto com uma linguagem incrivelmente semelhante. Diria até:

ter lido – o tempo da teoria do progresso é "exatamente o mesmo tempo dos bancos de investimento e dos grandes estabelecimentos de crédito...; é o tempo da marcha dos lucros produzidos por um capital...; tempo verdadeiramente homogêneo, pois traduz, pois transmite em cálculos homogêneos... pois transpõe em uma linguagem (matemática) homogênea as inúmeras variedades de ansiedades e de fortunas". A esse tempo de progresso, "feito à imagem e semelhança do espaço", reduzido a uma linha "absoluta, infinita", ele opõe o tempo da memória, o tempo da "rememoração orgânica", que não é homogêneo, mas que tem "plenos e vazios"[120].

A rememoração tem por tarefa, segundo Benjamin, a construção de constelações que ligam o presente e o passado. Essas constelações, esses momentos arrancados da continuidade histórica vazia, são mônadas, ou seja, são concentrados da totalidade histórica – "plenos", diria Péguy[121]. Os momentos privilegiados do passado, diante dos quais o adepto do materialismo histórico faz uma pausa, são aqueles que constituem uma interrupção messiânica dos acontecimentos – como aquele, em julho de 1830, quando os insurgentes atiraram nos relógios. Esses momentos constituem uma chance revolucionária no combate – hoje – ao passado oprimido – mas também, sem dúvida, ao presente oprimido[122].

---

nenhum escrito jamais me tocou por tanta proximidade, tanta comunhão. (...) Uma fantástica melancolia dominada" (W. BENJAMIN, *Correspondance*, cit., p. 200).

[120] C. PÉGUY, "Clio. Dialogue de l'histoire et de l'âme payenne" (1909-1912), em *Oeuvres en prose* (Paris, La Pléiade, 1968), v. I, p. 127-31, 180-1, 286, 299-300.Ver também o artigo de H. TIEDEMANN-BARTELS, "La mémoire est toujours de guerre. Benjamin et Péguy" em H. WISMANN (org.), *Walter Benjamin et Paris*, cit., p. 133-43. Assim como D. BENSAÏD, *Moi la Révolution* (Paris, Gallimard, 1989).

[121] Em uma primeira versão dessa tese, que se encontra em *Das Passagen-Werk*, em vez do conceito de mônada, aparece o de "imagem dialética". Cf. *GS* V, 1, p. 595.

[122] Comentando a passagem sobre a interrupção messiânica dos acontecimentos, Herbert Marcuse escreveu em 1964: "Raramente a verdade da teoria crítica foi expressa de uma forma tão exemplar: a luta revolucionária exige a interrupção do que acontece e do que aconteceu – antes de se dar um objetivo positivo qualquer, essa negação é o primeiro ato positivo. O que o scr humano fez aos outros humanos e à natureza deve cessar, e cessar radicalmente – somente depois podem começar a liberdade e a justiça" (H. MARCUSE, "Revolution und Kritik der Gewalt.

A interrupção messiânica é ruptura da história, mas não fim da história. Uma das notas afirma explicitamente: "O Messias quebra a história; o Messias não aparece no fim de um desenvolvimento" (*GS* I, 3, p. 1243). Do mesmo modo, a sociedade sem classes não é o fim da história mas, segundo Marx, da pré-história, da história da opressão e da alienação dos humanos[123].

Segundo as notas preparatórias, a história universal do historicismo é falsa, pura acumulação artificial, como o esperanto é uma falsa língua universal. Mas existirá, um dia, uma verdadeira história universal, como existirá uma verdadeira língua universal: no mundo messiânico, que é "o mundo da atualidade total e multifacetada". Essa história messiânica da humanidade libertada arderá como uma "lâmpada eterna", que inclui a totalidade do passado, em uma imensa *apocatástase* (*GS* I, 3, p. 1234, 1239).

Na carta a Gretel Adorno, em que anuncia a redação das teses, Benjamin chama sua atenção particularmente para a XVII, uma vez que ela revela a ligação entre esse documento e o método de suas pesquisas anteriores[124]. Os trabalhos de W. Benjamin sobre Baudelaire são um bom exemplo da metodologia proposta nessa tese: trata-se de descobrir em *As flores do mal* uma mônada, um conjunto cristalizado de tensões que contêm uma totalidade histórica. Nesses escritos,

---

Zur Geschichtsphilosophie Walter Benjamins" em P. BULTHAUPT, *Materialien zu Benjamins Thesen*, cit., p. 25-6).

[123] Eis como Scholem interpreta a metamorfose marxista do messianismo judaico: "A diferença entre a moderna 'teologia da revolução' [...] e a ideia messiânica do judaísmo consiste, em grande medida, em uma transposição dos termos. Sob sua nova forma, a história torna-se uma pré-história [...] Essa é a atitude subjacente aos escritos dos ideólogos mais importantes do messianismo revolucionário, como Ernst Bloch, Walter Benjamin, Theodor Adorno e Herbert Marcuse [...]" (*Fidelité et utopie: essais sur le judaïsme contemporain*, Paris, Calmann-Lévy, 1978, p. 255-6). O próprio I. Wohlfarth observa também que, no messianismo secularizado de Benjamin, o final dos tempos não é o final de toda a história, como no messianismo ortodoxo, mas o fim do que Marx denominava a "pré-história" (I. WOHLFARTH, "The Measure of the Possible" em L. MARCUS, L. NEAD (org.), *The Actuality of W. Benjamin*, Londres, Lawrence and Wishart, 1998, p. 36). Essas interpretações são interessantes, mas lembremos que Benjamin não utiliza a expressão "fim da pré-história".

[124] Carta citada em *GS* I, 3, p. 1226.

desarraigados do curso homogêneo da história, encontra-se conservada e reunida toda a obra do poeta, nesta, o século XIX francês, e, nesse último, "todo o curso da história". A obra "maldita" de Baudelaire guarda o tempo como uma semente preciosa. Deve essa semente frutificar no terreno da luta de classes atual, para adquirir todo seu sabor?

TESE XVIIa

Marx secularizou a representação do tempo messiânico na representação da sociedade sem classes. E estava bem assim. O infortúnio começou quando a social-democracia alçou essa representação a um ideal. O ideal foi definido, na doutrina neokantiana, como uma tarefa infinita. E essa doutrina era a filosofia elementar do partido social-democrata – de Schmidt e Stadler a Natorp e Vorländer. Uma vez definida a sociedade sem classes como tarefa infinita, o tempo homogêneo e vazio transformava-se, por assim dizer, em uma antessala, em que se podia esperar com mais ou menos serenidade a chegada de uma situação revolucionária. Na realidade, não há um só instante que não carregue consigo a sua chance revolucionária – ela precisa apenas ser definida como uma chance específica, ou seja, como chance de uma solução inteiramente nova em face de uma tarefa inteiramente nova. Para o pensador revolucionário, a chance revolucionária própria de cada instante histórico se confirma a partir da situação política. Mas ela se lhe confirma não menos pelo poder-chave desse instante sobre um compartimento inteiramente determinado, até então fechado, do passado. A entrada nesse compartimento coincide estritamente com a ação política; e é por essa entrada que a ação política, por mais aniquiladora que seja, pode ser reconhecida como messiânica. (A sociedade sem classes não é a meta final do progresso na história, mas, sim, sua interrupção, tantas vezes malograda, finalmente efetuada.)

O conceito de secularização utilizado por Benjamin nessa tese é, provavelmente, uma referência à *Politisch Theologie* (1922) de Carl Schmitt, segundo a qual "todos os conceitos pregnantes da teoria moderna do Estado são conceitos teológicos secularizados"[125]. Sem dúvida, Schmitt se interessa sobretudo pelas filosofias contrarrevolucionárias do Estado, mas formula também hipóteses mais genéricas que poderiam interessar a Benjamin, como por exemplo: "A situação excepcional tem para a jurisprudência o mesmo significado que o milagre para

---

[125] É verdade que o conceito aparece também, com um alcance mais geral, na sociologia das religiões de Max Weber, principalmente em *A ética protestante e o espírito do capitalismo*, obra que Benjamin conhecia bem. [Ed. bras.: M. WEBER, *A ética protestante e o espírito do capitalismo*, São Paulo, Companhia das Letras, 2004.]

a teologia."[126] No entanto, como foi muito bem demonstrado por Jacob Taubes, a secularização não é para Schmitt um conceito positivo; ao contrário, "para ele, ela representa o diabo". O objetivo de Schmitt é demonstrar que a secularização leva a teoria jurídica do Estado a um impasse, porque ignora o fundamento, a raiz de seus próprios conceitos[127].

Não é esse o ponto de vista de Benjamin. Para ele, a secularização é ao mesmo tempo legítima e necessária – desde que a energia subversiva do messiânico continue presente, mesmo que seja no estado de força oculta (como a teologia no jogador de xadrez materialista). O que é preciso criticar, insiste Benjamin, não é a secularização enquanto tal, mas uma forma específica, a do neokantismo social-democrata, que fez da ideia messiânica um ideal, uma "tarefa infinita". Trata-se principalmente do grupo de filósofos da Universidade de Marburg, à qual pertencem tanto Alfred Stadler quanto Paul Natorp, dois dos autores mencionados na tese, assim como Hermann Cohen.

Encontra-se aqui uma analogia impressionante com algumas ideias desenvolvidas pelo jovem G. Scholem, em cadernos inéditos dos anos 1918-1919. Ele coloca em questão, com uma incrível virulência, a miserável falsificação da tradição messiânica judaica, pela qual é responsável, a seus olhos, a Escola neokantiana de Marburg:

> O reino messiânico e o tempo mecânico produziram, na cabeça dos homens do Iluminismo (*Aufklärer*), a ideia – bastarda e digna de maldição – do Progresso. Porque, quando se é um *Aufklärer* [...], a perspectiva dos tempos messiânicos *deve necessariamente* se deformar em Progresso. [...] Aqui se encontram os erros mais fundamentais da Escola de Marburg: a distorção [...] de todas as coisas em uma tarefa infinita no sentido do Progresso. Essa é a mais deplorável interpretação que o profetismo já teve de suportar.[128]

---

[126] C. Schmitt, *Théologie politique* (1922) cit., p. 46.

[127] J. Taubes, *Die politische Theologie des Paulus* (Munique, Wilhelm Fink, 1993), p. 89-92.

[128] Essa passagem encontra-se em um caderno inédito de G. Scholem, intitulado *Tagebuchaufzeichnungen. 1. August 1918-1. August 1919* (Adelboden – Bern) Esse material – que se acha no arquivo Scholem na biblioteca da Universidade Hebraica de Jerusalém – em breve será publicado pela editora Jüdischer (associada à editora

Pode-se perguntar se Benjamin não tinha essas ideias em sua memória quando escreveu as "teses" de 1940 – a não ser que Scholem é que tenha sido influenciado pelas discussões com seu amigo em 1916-1919.

O que Benjamin critica na social-democracia de inspiração neokantiana é, antes de mais nada, seu imobilismo, a calma olimpiana com a qual ela espera, confortavelmente instalada no tempo vazio e homogêneo, como um cortesão no vestíbulo, a chegada inevitável da "situação revolucionária" – que, é claro, jamais virá.

A alternativa que ele propõe é, ao mesmo tempo e inseparavelmente, histórica e política. Ela parte da hipótese de que cada momento histórico tem suas potencialidades revolucionárias. Trata-se de opor uma concepção aberta da história como práxis humana – rica em possibilidades inesperadas, que podem produzir o novo – a toda doutrina teleológica, confiante nas "leis da história" ou na acumulação gradual de reformas na via certa e garantida do Progresso infinito.

Essa ação política – que, como toda práxis revolucionária, comporta uma dimensão destrutiva – é ao mesmo tempo uma interrupção messiânica da história e um "salto em direção ao passado": possui o poder mágico da abertura (*Schlüsselmacht*) de um aposento (*Gemach*) até então trancado (*verschlossenes*), de um acontecimento até então esquecido. Encontramos, aqui, a unidade profunda, íntima, messiânica, entre a ação revolucionária no presente e a intervenção da memória em um momento determinado do passado[129]. A redescoberta, sob o impacto do impulso do movimento feminista dos anos 1970, de textos esquecidos e "trancados" de Olympe de Gouges – autor de panfletos que denunciam a escravidão dos negros e da "Declaração dos direitos da mulher e da cidadã" (1791), guilhotinada pelo Terror em 1793 – é um exemplo impressionante. A

Suhrkamp) de Frankfurt. Agradeço aos responsáveis pela edição dos manuscritos de Scholem, Karlfried Gründer, Friedrich Niewöhner e Herbert Kopp-Osterbrink a gentileza de me autorizarem a publicação de alguns extratos desses escritos inéditos.

[129] Como observa tão bem P. Ivernel, "a luta de classes e o messianismo judaico, nas teses, longe de se neutralizarem, se ativam ou sobretudo se reativam mutuamente, conduzem a linha de frente da guerra contra a chamada necessidade histórica" ("Paris capitale du Front populaire ou la vie posthume du XIXe siècle" em *Walter Benjamin et Paris*, cit., p. 271).

historiografia oficial da Revolução Francesa esquecera, durante um século e meio, essa figura trágica e subversiva.

O conceito de sociedade sem classes – com toda sua carga messiânica – ocupa nessa tese, mas também em todo o documento, um lugar central. Trata-se de uma referência política e histórica decisiva, que serve de objetivo para o combate dos oprimidos e de critério para julgar os sistemas de opressão do passado e do presente. Como diz uma das notas: "Sem uma análise, qualquer que seja sua forma, da sociedade sem classes, existe apenas uma falsificação histórica do passado. Dessa maneira, todo conceito do presente participa do conceito do Juízo Final" (*GS* I, 3, p. 1245).

TESE XVIII

"Os míseros cinquenta mil anos do homo sapiens*", diz um biólogo recente, "representam, em relação à história da vida orgânica sobre a terra, algo como dois segundos ao fim de um dia de vinte e quatro horas. Inscrita nessa escala, a história inteira da humanidade civilizada perfaz um quinto do último segundo da última hora." O tempo-de-agora que, enquanto modelo do tempo messiânico, resume a história de toda a humanidade numa prodigiosa abreviação, coincide, exatamente, com* a *figura que a história da humanidade ocupa no universo.*

O *Jetztzeit*, "tempo atual", ou "tempo-de-agora", desta vez é definido como "modelo" ou prefiguração do tempo messiânico, da "lâmpada eterna", da verdadeira história universal. Para explicar o conceito de interrupção messiânica dos acontecimentos, Benjamin remete, em uma das notas, a Focillon, que falava do "breve minuto de plena posse das formas" (*GS* I, 3, 1229). A mônada messiânica é um breve minuto de plena posse da história, que prefigura o todo, a totalidade salva, a história universal da humanidade libertada, em suma, a história da salvação (*Heilsgeschichte*) de que fala uma das notas (*GS* I, 3, p. 1234).

Como se sabe, a mônada – conceito de origem neoplatônico – segundo Leibniz é um reflexo de todo o universo. Examinando esse conceito em *Das Passagen-Werk*, Benjamin o define como "cristal da totalidade dos acontecimentos"[130].

Encontramos aqui a ideia de "abreviação" (*Abbreviatur*), a enigmática *historischer Zeitraffer*. Uma pista interessante a respeito disso é proposta por G. Agamben: o tempo messiânico que "resume" (zusammenfasst) toda a história da humanidade lembra literalmente o conceito cristão de *anakephalaiosis*, "recapitulação", que aparece em uma das epístolas de Paulo, Ef 1, 10: "Todas as coisas se recapitulam no Messias" – de acordo com a tradução de Lutero, *alle ding zusamen verfasset würde in Christo*[131].

---

[130] W. BENJAMIN, *Das Passagen-Werk*, cit., p. 575.

[131] G. AGAMBEN, *Le temps qui reste*, cit., p. 224.

O *Jetztzeit* resume todos os momentos messiânicos do passado, toda a tradição dos oprimidos é concentrada, como uma força redentora, no momento presente, o do historiador – ou o do revolucionário[132].

Assim, a sublevação spartakista de janeiro de 1919 assiste à constituição, em um momento de perigo, de uma constelação única com o *Jetztzeit* da sublevação dos escravos. Mas essa mônada, esse breve momento, é um resumo de toda a história da humanidade como história da luta dos oprimidos. Por outro lado, enquanto interrupção messiânica dos acontecimentos, enquanto breve instante de libertação, esse ato de revolta prefigura a história universal da humanidade salva.

Poderíamos também considerar a tese IX um exemplo brilhante do imenso resumo da história da humanidade até então, um cristal da totalidade dos acontecimentos catastróficos que constituem o fio condutor dessa história. Mas, nessa imagem, a única prefiguração da redenção é negativa: a impossibilidade do anjo da história "despertar os mortos e juntar os destroços".

---

[132] Ao contrário de G. Agamben, não penso que o *Jetztzeit* remeta diretamente à expressão *ho nun kairos* que designa o tempo messiânico para Paulo no Novo Testamento – ainda mais porque o termo *Jetztzeit* não aparece na tradução de Lutero (*in dieser Zeit*). Algumas sugestões de Agamben são muito interessantes, mas ele tende a ser muito sistemático. Sua tentativa de designar Paulo como o "teólogo escondido nas entrelinhas do texto" de Benjamin – o que garante a vitória do autômato da tese I – parece-me pouco convincente (ibidem, p. 215). Se as referências cristãs estão longe de estar ausentes das teses – a começar pela figura do Anticristo – parece-me dificilmente contestável que a teologia à qual Benjamin se refere seja acima de tudo judaica.

APÊNDICE A

O Historicismo contenta-se em estabelecer um nexo causal entre os diversos momentos da história. Mas nenhum fato, por ser causa, já é, só por isso, um fato histórico. Ele se tornou tal postumamente, graças a eventos que dele podem estar separados por milhares de anos. O historiador que parte disso cessa de passar a sequência dos acontecimentos pelos seus dedos como as contas de um rosário. Ele apreende a constelação em que sua própria época entrou com uma determinada época anterior. Ele fundamenta, assim, um conceito de presente como tempo-de-agora, no qual estão incrustados estilhaços do tempo messiânico.

É a constelação entre uma situação presente e um acontecimento do passado que faz deste um fato histórico. Para dar um exemplo estimado por Benjamin, e no qual efetivamente "milênios" separam o historiador do acontecimento em questão, a descoberta por Engels, com base nos trabalhos de Morgan, da comunidade primitiva como realidade histórica importante é inseparável da luta moderna pela nova comunidade – a sociedade sem classes.

Essa conduta rompe com o determinismo limitado dos historicistas e com sua visão linear/evolucionista do "curso dos acontecimentos". Ela descobre uma ligação privilegiada entre o passado e o presente, que não é a da causalidade, nem a do "progresso" – para o qual a comunidade arcaica é apenas uma etapa "atrasada" sem interesse atual – mas um "pacto secreto", em que "brilha a centelha da esperança".

Os "estilhaços (*Splitter*) do tempo messiânico" são os momentos de revolta, os breves instantes que salvam um momento do passado e, ao mesmo tempo, efetuam uma interrupção efêmera da continuidade histórica, uma quebra no cerne do presente[133]. Enquanto redenções fragmentadas, parciais, eles prefiguram e anunciam a possibilidade da salvação universal[134].

---

[133] Ver sobre essa questão a esclarecedora interpretação de F. Proust: a intervenção messiânica se dá "contra qualquer espera e contratempo, e faz brilhar como um relâmpago a possibilidade de realizar promessas que a história havia enterrado sob os escombros". O instante messiânico é "esse instante em suspenso ou essa suspensão do tempo em que se delineia a possibilidade ardente, incandescente e feliz em que, enfim, a justiça se faz" (*L'histoire à contretemps*, p. 178).

[134] Cf. I. Wohlfarth, "The messianic structuture...", cit., p. 157, 171, 180.

Esses "estilhaços" remetem, então, à presença iminente ou virtual da era messiânica na história de que se fala na última tese. Trata-se de uma ideia que Benjamin tinha desde sua juventude, como testemunha essa impressionante passagem dos cadernos inéditos de Scholem em 1917, em que se vê aquele que se considerava, em matéria de judaísmo, o mestre de seu amigo, se referir a ele como fonte – quase canônica:

"No pensamento do reino messiânico encontra-se a maior imagem da história, sobre a qual se erguem relações infinitas profundas entre a religião e a ética. Walter [Benjamin] uma vez disse: O reino messiânico está sempre lá. Esse julgamento (*Einsicht*) contém a *maior* verdade, mas somente em uma esfera que, pelo que sei, ninguém alcançou depois dos profetas."[135]

O tempo qualitativo, constelado de estilhaços messiânicos, se opõe radicalmente ao fluxo vazio, ao tempo puramente quantitativo do historicismo e do "progressismo". Estamos aqui, na ruptura entre a redenção messiânica e a ideologia do progresso, no meio da constelação formada pelas concepções da história de W. Benjamin, G. Scholem e F. Rosenzweig, que se inspiram na tradição religiosa judaica para se oporem ao modelo de pensamento comum à teodiceia cristã, ao Iluminismo e à filosofia da história hegeliana. Por meio do abandono do modelo teleológico ocidental, passa-se de um tempo de necessidade para um tempo de possibilidades, um tempo aleatório aberto em todos os momentos à irrupção imprevisível do novo[136]. Mas estamos também no eixo estratégico central, do ponto de vista político, da reconstrução do marxismo tentada por Benjamin.

---

[135] G. SCHOLEM, *Über Metaphysik, Logik und einige nicht dazu gehörende Gebiete phänomenologischer Besinnung. Mir gewidmet. 5. Oktober 1917-30. Dezember 1917*, p. 27. Cf. n. 59.

[136] Resumo as ideias apresentadas por S. MOSÈS, *L'ange de l'histoire*, cit., p. 23-4, 195-6.

APÊNDICE B

O tempo, ao qual os adivinhos perguntavam o que ele ocultava em seu seio, não era, certamente, experimentado nem como homogêneo, nem como vazio. Quem mantém isso diante dos olhos talvez chegue a um conceito de como o tempo passado foi experienciado na rememoração: ou seja, precisamente assim. Como se sabe, era vedado aos judeus perscrutar o futuro. A Torá e a oração, em contrapartida, os iniciavam na rememoração. Essa lhes desencantava o futuro, ao qual sucumbiram os que buscavam informações junto aos adivinhos. Mas nem por isso tornou-se para os judeus um tempo homogêneo e vazio. Pois nele cada segundo era a porta estreita pela qual podia entrar o Messias.

Inicialmente, Benjamin rejeita a conduta daqueles que se informam junto aos adivinhos porque são dominados pelo futuro: quando se crê conhecer o futuro, fica-se condenado à passividade, à espera do inevitável – uma observação que vale também para essa figura moderna dos oráculos antigos, as "previsões científicas" do materialismo histórico transformado em "autômato"[137].

A tradição judaica, pelo contrário, exige a rememoração do passado – o imperativo bíblico *Zakhor*[138]. Mas como observa Yossef Hayim Yerushalmi, o que os judeus "buscam no passado não é sua historicidade, mas sua eterna contemporaneidade"[139]. De maneira análoga, em sua ação presente, o revolucionário busca inspiração e força combatente na rememoração e escapa, assim, do charme maléfico do futuro garantido, previsível e seguro proposto pelos "adivinhos" modernos.

---

[137] Parece-me que Françoise Proust se engana ao escrever que, para Benjamin, "o adivinho não é um feiticeiro... Ele não faz aparecer o futuro ou o passado mas, ao contrário, ele os desenfeitiça. Ele os reúne para *desencantá-los*..." (*L'histoire à contretemps*, p. 155).

[138] Cf. Y. H. YERUSHALMI, *Zakhor*, p. 25: "Em Israel, e em nenhum outro lugar, a injunção de se lembrar é sentida como um imperativo religioso para todo um povo. O eco se espalha por toda parte, mas ele vai aumentando no Deuteronômio e entre os Profetas: 'Lembra-te dos dias de outrora, repassa os anos de geração em geração' (Deuteronômio, 32, 7) (...) 'Lembra-te do que te fez Amalec' (Deuteronômio, 25, 17). 'Meu povo, lembra-te, então, do que planejara Balac, rei de Moab' (Miqueias, 6, 5). E sempre martelou: 'Lembrai-vos que vós éreis escravos no Egito'".

[139] Ibidem, p. 113.

O Messias diante da porta estreita de Jerusalém, *agadah* do século XVI.

A passagem mais impressionante dessa tese, a que provocou mais debates e comentários, é sem dúvida a conclusão. É preciso salientar, em primeiro lugar, que não se trata de esperar o Messias, como na tradição dominante do judaísmo rabínico, mas de provocar sua volta. Nas notas preparatórias, após ter comparado a interrupção messiânica com algumas ideias de Focillon, Benjamin cita a seguinte passagem do crítico de arte francês: "'Fazer o momento' não é intervir passivamente na cronologia, é apressar o momento."[140] Benjamin pertence a uma tradição dissidente daqueles que se denominam os *dohakei haketz*, daqueles que "precipitam o final dos tempos"[141].

Certamente, essa temática lhe foi inspirada – quase literalmente – por uma obra que é, desde os anos 1920, uma de suas principais fontes judaicas: *Der Stern der Erlösung* (1921), de Franz Rosenzweig, que Benjamin mencionava, ainda em 1929, em pleno período de adesão ao marxismo, como um dos grandes livros que restavam. Para Rosenzweig, "cada instante deve estar pronto para receber a plenitude da eternidade". Mas não se trata de espera: "Sem essa antecipação do objetivo no instante que chega... sem o desejo de fazer chegar o Messias antes de seu tempo... o futuro não é um futuro, mas somente um passado prolongado em uma dimensão infinita." Essa concepção se opõe, evidentemente, a todas as doutrinas do progresso: "Nada colide mais com essa ideia do progresso do que a possibilidade de que o 'objetivo ideal' poderia e deveria, talvez, muito bem realizar-se desde o instante que chega, e até mesmo neste instante."[142]

Rememoração histórica e práxis subversiva, messianismo herético e voluntarismo revolucionário, Rosenzweig e Blanqui estão associados nessa *imagem dialética* da chegada do Messias pela "porta estreita".

Para R. Tiedemann, essa proposta de Benjamin é um decreto ineficaz, que faz abstração de qualquer análise da realidade. Ela seria resultado mais do anarquismo e do putchismo do que da sobriedade marxista[143].

---

[140] H. Focillon, *Vie des formes* (Paris, 1934), p. 94, citado em W. Benjamin, *GS* I, 3, p. 1229-30.

[141] Trata-se de formas de "ativismo messiânico" que levam a "agir diretamente no plano da história" com o objetivo de "acelerar o final" dos tempos. Cf. Y. H. Yerushalmi, *Zakhor*, cit., p. 40.

[142] F. Rosenzweig, *L'Étoile de la Rédemption*, cit., p. 267-9.

[143] R. Tiedemann, *Dialektik im Stillstand*, cit., p. 130.

É verdade que Benjamin tinha como objetivo, desde o artigo de 1929 sobre o Surrealismo, dar à sobriedade e à disciplina marxistas a colaboração da embriaguês (*Rausch*), da espontaneidade anarquista de que eram portadores os surrealistas. Mas seu objetivo é menos o de "decretar" a revolução do que o de defender uma concepção de história como processo aberto, não determinado antecipadamente, em que as surpresas, as chances inesperadas, as oportunidades imprevistas podem surgir a qualquer momento. Trata-se menos de um "*putsch*" [revolta] do que de ser capaz de apreender o instante fugaz em que a ação revolucionária é possível. Como fizeram com muita presença de espírito – para citar apenas um exemplo que, sem dúvida, Benjamin conhecia, mesmo que não parecesse ter apreendido todo seu alcance na época – os anarquistas da FAI-CNT (Federação Anarquista Ibérica-Confederação Nacional dos Trabalhadores) e os marxistas do POUM (Partido Obrero de Unificación Marxista) no verão de 1936 na Catalunha, ao se oporem, de armas na mão, à sublevação fascista e estabelecerem um verdadeiro "estado de exceção" socia-

Honoré Daumier, *L'émeute* [O motim].

lista e libertário – infelizmente efêmero. Mas em que consiste a tradição dos oprimidos, senão na série descontínua de raros momentos em que a cadeia da dominação foi rompida?

2

ABERTURA DA HISTÓRIA

Na história das ideias do século XX, as "Teses" de Benjamin parecem um desvio, um atalho, ao lado de grandes autoestradas do pensamento. Mas enquanto essas são bem delimitadas, visivelmente demarcadas e conduzem a etapas devidamente classificadas, a pequena trilha benjaminiana leva a um destino desconhecido. As teses de 1940 constituem uma espécie de manifesto filosófico – em forma de alegorias e de imagens dialéticas mais do que de silogismos abstratos – para *a abertura da história*[1]. Ou seja, para uma concepção do processo histórico que dá acesso a um vertiginoso campo dos possíveis, uma vasta arborescência de alternativas, sem no entanto cair na ilusão de uma liberdade absoluta: as condições "objetivas" são também condições de possibilidade.

Essa concepção situa-se explicitamente no campo da tradição marxista – o "materialismo histórico" – que Benjamin quer libertar do conformismo burocrático que tanto a ameaça, talvez até mais do que o inimigo. Como vimos, sua relação com a herança marxista é altamente seletiva e passa pelo abandono – mais do que pela crítica explícita ou por um "acerto de contas" direto – de todos os trechos da obra de Marx e Engels que serviram de referência às leituras positivistas/evolucionistas do marxismo: progresso irresistível, "leis da história", "fatalidade natural". A leitura de Benjamin é diretamente contraditória a essa ideia que, desde o *Manifesto Comunista*, povoa alguns textos de Marx e Engels: "A burguesia produz antes de mais nada seus próprios demolidores. Seu declínio e a vitória do proletariado são igualmente inevitáveis". Nada

---

[1] Cf. J. M. Gagnebin, "Walter Benjamin ou a história aberta", cit.

mais distante de sua conduta do que a crença, sugerida em algumas passagens de *O capital*, em uma necessidade histórica "natural" (*Naturnotwendigkeit*)[2].

Sem dúvida, a obra de Marx e de Engels é atravessada por tensões irresolutas entre um certo fascínio pelo modelo científico-natural e uma conduta dialética-crítica; entre a fé no amadurecimento orgânico e quase natural do processo social e a visão estratégica da ação revolucionária que apreende um momento excepcional. Essas tensões explicam a diversidade dos marxismos que disputam entre si a herança após a morte de seus fundadores[3]. Nas teses de 1940, Benjamin ignora o primeiro polo do espectro de Marx e se inspira no segundo.

Por que Benjamin prefere se ater a epígonos social-democratas a colocar em questão alguns textos dos próprios Marx e Engels que permitiram essas interpretações? É possível supor várias razões não necessariamente contraditórias para essa atitude: a) a convicção de que o verdadeiro Marx está em outro lugar e que os momentos positivistas são secundários; b) a opção política de opor o próprio Marx aos epígonos que, de qualquer maneira, tiraram a força de sua mensagem ou a traíram; c) o desejo, seguindo o exemplo de seus mestres Lukács e Korsch, de formular sua leitura do materialismo histórico de um modo positivo, mais do que retomar criticamente os escritos dos fundadores.

Se nas próprias teses não encontramos críticas diretas a Marx ou a Engels, elas aparecem aqui ou ali nas notas anexas. Por exemplo, na nota sobre a revolução como locomotiva da história, que coloca em questão, por meio dessa imagem, toda a visão do progresso como processo linear e irresistível. Mais importante é a observação sobre as forças produtivas como principal critério de progresso. Trata-se, efetivamente, de um ponto fundamental, que ocupa um lugar crucial

---

[2] Marx; Engels, *Manifeste du Parti communiste*, cit., p. 1962, p. 35, e K. Marx, *Le capital*, cit., p. 567: "A produção capitalista engendra sua própria negação com a fatalidade que preside as metamorfoses da natureza" (cf. K. Marx, *Das Kapital*, cit., p. 791: "*Die kapitalistische Produktion erzeugt mit der Notwendigkeit eines Naturprozesses ihre eigene Negation*"). No prefácio de *O capital*, Marx define o objetivo de sua obra como a descoberta da "lei natural" que preside o "movimento da sociedade moderna" e determina "as fases de seu desenvolvimento natural" (ibidem, p. 37).

[3] Remeto às análises de D. Bensaïd em *Marx l'intempestif: grandeurs et misères d'une aventure critique* (Paris, Fayard, 1995), p. 10, 44 [ed. bras.: *Marx, o intempestivo*, Rio de Janeiro, Civilização Brasileira, 1999].

na obra dos pais do socialismo moderno, e que alimentou consideravelmente as interpretações economicistas da II Internacional e o produtivismo stalinista. Mas a questão permanece no nível de uma proposta programática e não foi aprofundada por Benjamin.

A "refundação" do materialismo histórico nas teses passa também, obviamente, por uma reapropriação seletiva – e heterodoxa – dos temas de Marx que lhe parecem essenciais para seus propósitos: o Estado como dominação de classe, a luta de classes, a revolução social, a utopia de uma sociedade sem classes. O próprio materialismo, revisto e corrigido pela teologia, é integrado a seu dispositivo teórico. Benjamin se inspira em textos como os *Manuscritos de 1844**, os escritos históricos sobre a revolução de 1848-1850 ou a Comuna de Paris, no capítulo sobre o fetichismo da mercadoria de *O capital* ou ainda na *Crítica ao programa de Gotha* – todos abundantemente citados e comentados em *Das Passagen-Werk*.

O resultado desse trabalho é uma reelaboração, uma formulação crítica do marxismo, integrando ao conjunto do materialismo histórico "estilhaços" messiânicos, românticos, blanquistas, libertários e fourieristas. Ou, sobretudo, a fabricação, a partir da fusão de todos esses materiais, de um marxismo novo, herético e radicalmente distinto de todas as variantes – ortodoxas ou dissidentes – de sua época. Um "marxismo messiânico" que só poderia suscitar – como previra o próprio Benjamin – perplexidade e incompreensão. Mas também, e antes de tudo, um *marxismo da imprevisibilidade*: se a história é aberta, se o "novo" é possível, é porque o futuro não é conhecido antecipadamente; o futuro não é o resultado inevitável de uma evolução histórica dada, o produto necessário e previsível de leis "naturais" da transformação social, fruto inevitável do progresso econômico, técnico e científico – ou o que é pior, o prolongamento, sob formas cada vez mais aperfeiçoadas, do mesmo, do que já existe, da modernidade realmente existente, das estruturas econômicas e sociais atuais[4].

---

* *Ökonomisch-philosophische Manuskripte* [ed. bras.: *Manuscritos econômico-filosóficos*, São Paulo, Boitempo, 2004]. Os *Manuscritos de 1844* encontram-se também, ao lado de *Crítica ao programa de Gotha* e *A guerra civil na França* (em que Marx trata da Comuna de Paris) em K. MARX; F. ENGELS, *Obras escolhidas* (São Paulo, Alfa-Omega, s. d.).

[4] Eis o que escreveu sobre esse assunto um grande revolucionário do século XIX, admirado por W. Benjamin: "Não! Ninguém sabe nem detém o segredo do futuro.

O que significa, hoje, na aurora do século XXI, sessenta anos depois da morte de Benjamin, essa abertura da história?

Inicialmente, no plano cognitivo, ela ilumina um novo horizonte de reflexão; a busca de uma racionalidade dialética que, quebrando o espelho liso da temporalidade uniforme, recusa as armadilhas da "previsão científica" de gênero positivista e leva em conta o *clinamen* rico de novidades, o *kairos* cheio de oportunidades estratégicas[5].

A imprevisibilidade certamente é apenas relativa: parece-me inegável que um certo número de previsões para o século XX em linhas gerais se realizaram. A verdade é que, no curso dos acontecimentos históricos, há um núcleo irredutível do inesperado que escapa aos mais rigorosos "cálculos de probabilidades". Isso não resulta apenas das limitações próprias dos métodos de conhecimento em ciências sociais, mas da própria natureza da *práxis* humana. Ao contrário dos eclipses da lua ou da próxima passagem do cometa Halley, o resultado da ação histórica dos indivíduos e dos grupos sociais continua consideravelmente imprevisível.

Nada de místico ou "irracional" nessa constatação. Ela decorre da própria natureza da política como atividade humana coletiva e plural, certamente condicionada pelas estruturas sociais e econômicas existentes, mas capaz de ultrapassá-las, de transformá-las, de perturbá-las, criando o novo. Independentemente de se designar essa dimensão irredutível como "fator subjetivo", "voluntarismo", "liberdade do indivíduo", "autonomia dos atores sociais" ou "projeto humano", o que ocorre é que a ação política escapa a qualquer tentativa de analisá-la como simples função das estruturas ou, o que é pior, resultado das "leis científicas" da história, da economia ou da

---

Apenas pressentimentos, breves visões, uma olhadela fugaz e vaga são possíveis ao mais clarividente. Somente a revolução, ao preparar o terreno, clareará o horizonte, levantará aos poucos os véus, abrirá as estradas e, sobretudo, as múltiplas trilhas que levam para a nova ordem. Os que pretendem ter, em seu bolso, o plano completo dessa terra desconhecida, são insensatos." Trata-se de A. BLANQUI, *Critique sociale* (Paris, 1885), II, p. 115-6, citado por Benjamin em *Das Passagen-Werk*, cit., p. 894.

[5] Retomo uma formulação de D. BENSAÏD em *Marx l'intempestif*, cit., p. 305.

sociedade[6]. Se ninguém, em junho de 1789, havia previsto a queda da Bastilha, e menos ainda a execução do rei e a proclamação da República, não foi porque os contemporâneos não tinham instrumentos de conhecimento científico suficientes – como poderia pretender um positivismo particularmente dogmático – mas porque esses acontecimentos eram, enquanto atos históricos inovadores, essencialmente imprevisíveis[7].

Quando se leva a sério o momento trágico na visão da história de Benjamin, essa força da ação política inovadora não incita necessariamente o otimismo: ela pode perfeitamente provocar, como demonstra abundantemente a história do século XX, resultados aterrorizantes[8].

A história aberta quer dizer, então, do ponto de vista político, considerar a possibilidade – não a inevitabilidade – das *catástrofes* por um lado, e de grandes

---

6 "O homem se define por seu projeto. Esse ser material ultrapassa perpetuamente a condição que lhe é estabelecida; ele desvenda e determina sua situação, transcendendo-a para se objetivar, pelo trabalho, a ação ou o gesto. (...) Como esse elã para a objetivação assume formas diversas de acordo com os indivíduos, como ele nos projeta através de um campo de possibilidades, algumas das quais realizamos e outras excluímos, nós o denominamos também escolha ou liberdade. (...) O que nomeamos liberdade, é a irredutibilidade da ordem cultural à ordem natural" (J.-P. SARTRE, *Questions de méthode*, 1960, Paris, Gallimard, 1986, p. 136-8). Sartre jamais conheceu os escritos de Walter Benjamin, mas seria interessante comparar suas concepções – certamente muito diferentes – da "história aberta". É evidente que o existencialismo do primeiro está em muitos lugares do messianismo judaico do segundo.

7 Como escreveu Hannah Arendt, em um ensaio com título benjaminiano, "O conceito de história – Antigo e Moderno": "A imprevisibilidade não é a falta de previsão (*foresight*), e nenhuma administração de engenharia dos negócios humanos jamais poderá eliminá-la... Somente um condicionamento total, ou seja, a abolição da ação, poderia esperar vencer a imprevisibilidade" ("The concept of history: Ancient and Modern" em *Between Past and Present*, 1953, Nova York, Penguin Books, 1993, p. 60) [ed. bras.: *Entre passado e futuro*, São Paulo, Perspectiva, 2002].

8 Eis outra passagem do mesmo texto de Arendt: "Não há dúvida de que a capacidade de agir é a mais perigosa das atitudes e possibilidades, e é também indubitável que os riscos autocriados que a humanidade enfrenta hoje jamais foram enfrentados antes" (ibidem, p. 63). É evidente que H. Arendt foi influenciada pelas teses de Benjamin – que às vezes cita – mesmo que sua conduta filosófica geral e suas conclusões políticas jamais coincidam com as de seu amigo de exílio parisiense.

movimentos *emancipadores*, por outro. Isso está longe de ser evidente: não vivemos em uma época pacificada a quilômetros de distância dos anos de guerra e de revolução da primeira metade do século passado?

Muitos trabalhos sobre Walter Benjamin, publicados durante os últimos anos, afirmam, ou sugerem, que esse autor fascinante pertence a uma conjuntura histórica trágica, a partir de agora ultrapassada. As problemáticas filosóficas que correspondem à realidade social e histórica atual seriam, sobretudo, as da solução dos conflitos por procedimentos democráticos e racionais do agir comunicacional (Habermas) ou pelo relativismo pós-moderno dos jogos de linguagem (Lyotard). Teríamos a opção do aperfeiçoamento da modernidade por meio da racionalidade discursiva ou de sua superação pós-moderna, graças ao fim dos Grandes Relatos.

Ora, se é evidente que a história não se repete e que nossa época não lembra muito os anos 1930, parece difícil acreditar, à luz da experiência do final do século XX, que as guerras, os conflitos étnicos, os massacres pertençam a um passado longínquo. Ou que o racismo, a xenofobia, o próprio fascismo não representem mais um perigo para a democracia. A essas ameaças de catástrofe, que lembram as do passado, poderíamos acrescentar outras mais novas: por exemplo, a possibilidade de um desastre ecológico maior, colocando em risco a própria sobrevivência da espécie humana – uma forma de destruição provocada pela "tempestade que se denomina progresso", que Benjamin, apesar de sua reflexão crítica sobre a dominação/exploração da natureza, não podia prever. Ou ainda, a possibilidade de novas formas de barbárie, imprevisíveis, não como as do passado, que podem ser produzidas ao longo do século, enquanto as sociedades modernas continuarem submissas às relações de desigualdade e de exclusão.

Ao contrário do que pretende o discurso tranquilizador da *doxa* atual, o aviso de incêndio de Benjamin guarda uma extraordinária atualidade: a catástrofe é possível – se não provável – *a não ser que...* Formuladas como as dos profetas bíblicos, as previsões pessimistas de Benjamin são condicionais: eis o que corre o risco de acontecer *se...*

O que quer dizer: o pior não é inevitável, a história continua aberta, ela comporta outras possibilidades, revolucionárias, emancipadoras e/ou utópicas. Benjamin nos ajuda a restituir à utopia sua força negativa, por meio da ruptura com todo determinismo teleológico e com todo modelo ideal de sociedade que alimente a ilusão de um fim dos conflitos e, portanto, da história. A concepção de utopia sugerida pelas teses de 1940 tem a vantagem de ser formulada sobretudo na negativa: uma sociedade sem classes e sem dominação – no sentido exato da *Herrschaft*: um poder heteronômico que impõe suas regras e que escapa a qualquer controle democrático. Essa aspiração revolucionária não se dirige somente ao exercício autoritário de poder pelo estratagema e pela violência das classes, oligarquias ou elites governantes, mas também à dominação impessoal, abstrata e reificada ("fetichista") do capital, da mercadoria, dos aparelhos burocráticos.

Benjamin se refere, sobretudo, à emancipação das classes oprimidas, mas sua crítica geral à opressão e seu apelo para que se conceba a história do ponto de vista das vítimas – de todas as vítimas – dão a seu projeto um alcance mais universal. Da mesma maneira, suas críticas à exploração da natureza – apesar de seu caráter alusivo e inacabado – rompem nitidamente com a cultura positivista, cientificista e produtivista das correntes hegemônicas da esquerda. Elas encontram uma atualidade surpreendente nas aspirações de alguns novos movimentos internacionalistas contra a globalização neoliberal, e no projeto da ecologia social de reconstrução de um equilíbrio harmonioso entre as sociedades humanas e a natureza – em ações eminentemente universais, uma vez que concernem à humanidade em seu conjunto.

Walter Benjamin estava longe de ser um pensador "utópico". Ao contrário de seu amigo Ernst Bloch, ele estava menos preocupado com o "princípio esperança" do que com a necessidade urgente de *organizar o pessimismo*, menos interessado no "amanhã que canta" do que nos perigos iminentes que ameaçam a humanidade. Ele não estava longe de uma visão trágica do mundo, tal como esta se encontra nos ensaios de juventude de Lukács ou na obra de Pascal, na análise lukacsiana que Lucien Goldmann fez a respeito dessa visão: o sentimento profundo do abismo intransponível entre os valores autênticos nos quais se acredita e a realidade empírica[9].

No entanto, como vimos nas páginas anteriores, em sua obra está presente uma dimensão utópica frágil, por ser toda permeada por uma melancolia romântica

---

[9] Remeto a meu ensaio "Goldmann et Lukács: la vision du monde tragique" em *Le structuralisme génétique: Goldmann* (Paris, Denoël/Gonthier, 1977).

e pelo sentimento trágico da derrota. Na contracorrente da tendência dominante na esquerda histórica, que muitas vezes reduziu o socialismo a objetivos econômicos que interessam à classe operária industrial – ela própria reduzida à sua fração masculina, branca, "nacional" que desfruta de um emprego estável –, a reflexão de Benjamin nos permite pensar um projeto revolucionário com vocação emancipadora geral.

Essa condição possibilitaria enfrentar as exigências éticas e políticas de nosso tempo, e reativar a ambição, sem dúvida, desmesurada (mas que interesse poderia ter para a ação humana uma utopia comedida, moderada, medíocre?) de acabar com a dominação de uma classe por outra, de um sexo por outro, de uma nação por outra, dos seres humanos sobre a natureza. Trata-se de um objetivo universal, que se inspira na promessa não cumprida de 1789: liberdade, igualdade, fraternidade ou, sobretudo, solidariedade, por incluir tanto os irmãos quanto as irmãs. São valores revolucionários que contêm, como salientava Ernst Bloch, um excedente utópico que ultrapassa os limites estreitos e mesquinhos da sociedade burguesa. A universalidade utópica – com vocação subversiva (*umwälzend*) na definição do conceito de utopia de Karl Mannheim – se opõe inteiramente à pseudo-universalidade ideológica que considera o *status quo* atual como o universal humano acabado[10].

Do ponto de vista de um futuro diferente, o discurso dominante atual traduz uma concepção categoricamente *fechada* da história. De acordo com esse discurso, após a queda do "socialismo realmente existente" e o triunfo do sistema atlântico/ocidental, pode-se afirmar, de uma vez por todas, o fim das utopias, o fim de toda possibilidade de mudança de paradigma civilizacional. Nossa época foi a primeira, desde muito tempo (o início do século XIX?) que ousou, simplesmente, proclamar "o fim da história": o célebre ensaio de Francis Fukuyama não faz mais do que revestir com uma linguagem pseudo-hegeliana a convicção, profundamente enraizada, das elites dominantes

---

[10] Como observa, com toda a razão, Miguel Abensour, não é a utopia que gera o totalitarismo, é uma sociedade sem utopia que corre o risco de se tornar uma sociedade totalitária, presa à perigosa ilusão de realização. Cf. M. ABENSOUR, *L'utopie, de Thomas More à Walter Benjamin* (Paris, Sens & Tonka, 2000), p. 19. Segundo Abensour, o ódio à utopia é um "sintoma repetitivo que, de geração em geração, afeta os defensores da ordem existente atormentados pelo medo da alteridade".

na perenidade de seu sistema econômico e social, considerado não só infinitamente superior a qualquer outro, mas o único possível, o horizonte intransponível da história, a etapa final e definitiva da longa marcha da humanidade. O que não quer dizer, para o discurso hegemônico atual, que o progresso – científico, técnico, econômico, social, cultural – não continue. Ao contrário, ele passará, dizem, por avanços formidáveis, mas no âmbito, fixado de uma vez por todas, da economia capitalista/industrial e do sistema dito "liberal--democrático". Em poucas palavras, *o progresso na ordem*, como havia "previsto" tão bem Auguste Comte.

Essa problemática é expressa de maneira marcante em um belo texto publicado há alguns anos pela ex-discípula de Georg Lukács, Agnes Heller. Durante vários séculos, observa ela, a busca utópica da humanidade teve a forma de viagem marítima, do barco que sai em busca da ilha da felicidade. A partir do século XIX, predominou a imagem do trem, a metáfora da locomotiva que avança, com uma rapidez crescente, para o futuro resplandecente, para a estação "Utopia", destruindo todos os obstáculos que se encontram em seu caminho. Na verdade, afirma a filósofa húngara, é preciso renunciar a uma utopia situada em um lugar ou em um futuro imaginário: a viagem para a terra prometida é uma ilusão. De fato, já chegamos ao final de nosso percurso, que é a modernidade em que vivemos. A metáfora que corresponde a essa realidade histórica é a de uma magnífica e espaçosa estação ferroviária em que estamos instalados e de onde não partiremos: é preciso abandonar o perigoso mito de um *outro lugar* ou, principalmente, de um *diferente*[11].

Como vimos, Walter Benjamin utiliza também a alegoria do trem, mas para invertê-la dialeticamente: o trem da história avança em direção ao abismo, a revolução é a interrupção dessa viagem rumo à catástrofe. Em sua concepção aberta da história, diferentes saídas são possíveis, entre elas a ação revolucionária – que aparece mais como uma tentativa desesperada de impedir o pior, do que como o fruto do "amadurecimento das condições objetivas"[12].

---

[11] A. HELLER, "Der Bahnhof als Metapher. Eine Betrachtung über die beschleunigte Zeit und die Endstationen der Utopie", *Frankfurter Rundschau*, 26 de outubro de 1991.

[12] Em uma época como a nossa, cuja lógica burkiana faz do progresso-amadurecimento o álibi de um conservadorismo sem imaginação, as teses de Benjamin reativam a

Benjamin se refere muitas vezes às classes oprimidas como os sujeitos da *práxis* emancipadora. Ora, na nota sobre o trem, é toda a humanidade que "puxa os freios de emergência". Essa abordagem universalista que, sem dúvida, opõe-se ao corporativismo particularista de uma certa ideologia político-sindical, mas não necessariamente ao papel decisivo das classes sociais, permite repensar a emancipação social e a supressão da dominação do ponto de vista da multiplicidade dos sujeitos coletivos e individuais.

Para uma concepção aberta da história, a ação emancipadora-revolucionária deriva, em última análise, de uma espécie de *aposta*. A palavra não aparece nos textos de Benjamin, mas corresponde inteiramente ao espírito das teses de 1940. Segundo Lucien Goldmann, que parece não ter conhecido os escritos de Benjamin, a utopia de Marx de uma autêntica comunidade humana deriva de uma aposta como a de Pascal: o engajamento dos indivíduos – ou dos grupos sociais – em uma ação que comporta o perigo, o risco de fracasso, a esperança de êxito, mas em que jogam sua vida. Toda aposta como essa é motivada por valores transindividuais – sejam imanentes e profanos, como na aposta marxista sobre a realização da comunidade socialista, ou transcendentais e sagrados, como na aposta de Pascal sobre a existência de Deus – e não pode ser submetida a uma prova científica ou a uma demonstração factual[13].

Certamente, os atores sociais e históricos emancipadores que agem sob o regime da aposta levam em consideração todas as condições objetivas e orien-

---

tradição heterodoxa já expressa por Mary Wollstonecraft, em sua *Defesa dos direitos humanos*, para quem o progresso é uma interrupção da continuidade histórica, uma *possibilidade* que emerge – não da evolução dos costumes e das instituições, mas da capacidade do ser humano de *se desvencilhar da autoridade do costume* para se abrir para um novo começo. Longe de funcionar como "balizas indicadoras que mostram o caminho certo", "a experiência herdada" funciona "mais como faróis que nos desviam de rochedos perigosos, de recifes". Cf. M. WOLLSTONECRAFT, *A Vindication of the Rights of Men. A Letter to the Right Honourable Edmund Burke*, 1790, reeditado por J. TODD, M. BUTLER, *The Works of Mary Wollstonecraft* (Londres, W. Pickering, 1989), p. 41. Cf. também F. COLIN; É. PISIER; E. VARIKAS, *Les femmes, de Platon à Derrida* (Paris, Plon, 2000), p. 410.

[13] Como Benjamin, Lucien Goldmann não hesitou em formular o materialismo histórico com a ajuda de conceitos de origem teológica: "A fé marxista é uma fé no *futuro histórico* que os próprios homens fazem ou, para ser mais exato, que *nós* devemos fazer

tam sua *práxis* em função das contradições reais da sociedade; mas eles sabem que não há a menor garantia de sucesso do seu combate. Este é inspirado em um imperativo ético, um imperativo categórico que o jovem Marx formulara assim: lutar para "derrubar todas as condições sociais em que o ser humano é um ser rebaixado, subjugado, abandonado, desprezado"[14]. É essa exigência moral universal – lutar pela supressão dos sistemas sociais injustos e desumanos – que motiva seu engajamento, independentemente das chances de vitória e quaisquer que sejam as previsões "científicas" do futuro[15]. Essa incerteza, longe de conduzir à passividade ou à resignação, é uma forte motivação para uma maior atividade, uma maior iniciativa, pois, nos limites dados pelas condições objetivas, o futuro será o que dele fizermos[16].

Não é somente o futuro e o presente que permanecem abertos na interpretação benjaminiana do materialismo histórico, mas também o passado. O que quer dizer principalmente isto: a variante histórica que triunfou não era a única possível. Diante da história dos vencedores, da celebração do fato consumado, das

---

por meio de nossa atividade, uma 'aposta' no êxito de nossas ações; a transcendência a que se submete essa fé não é mais nem sobrenatural nem transistórica, mas nada mais nada menos do que supra-individual" (L. GOLDMANN, *Le Dieu caché*, Paris, Gallimard, 1955, p. 99, 104). Remeto a meu artigo "Le pari communautaire de Lucien Goldmann", *Recherche sociale* nº 135, 1995.

[14] K. MARX, "Critique de la philosophie du droit de Hegel", 1844, em *Oeuvres philosophiques* (Paris, Costes, 1952), p. 97; "Alle Verhältnisse umzuwerfen, in denen der Mensch ein erniedrigtes, ein geknechtes, ein verlassenes, ein verächtliches Wesen ist" ("Zur Kritik der Hegelschen Rechtsphilosophie, Einleitung" em *Marx-Engels Werke*, v. 1, p. 385).

[15] "Os marxistas não combatem a exploração, a opressão, a violência maciça contra os seres humanos e a injustiça em grande escala unicamente porque essa luta promove o desenvolvimento das forças produtivas ou de um progresso histórico estritamente definido... Menos ainda combatem esses fenômenos unicamente porque foi cientificamente demonstrado que a luta terá fim com a vitória do socialismo. Eles combatem a exploração, a opressão, a injustiça e a alienação enquanto condições desumanas, indignas. Trata-se de um fundamento e de uma razão suficientes." (E. MANDEL, "Die zukünftige Funktion des Marxismus", em H. SPATZENEGGER, *Das verspielte "Kapital"? Die marxistische Ideologie nach dem Scheitern des Realen Sozialismus*, Salzburgo, Anton Pustet, 1991, p. 173).

[16] Retomo uma proposta de D. SINGER em seu recente livro *Whose Millenium? Theirs or ours?* (Nova York, Monthly Review Press, 2000), p. 272-3.

rotas históricas de mão única, da inevitabilidade da vitória dos que triunfaram, é preciso retomar essa constatação essencial: cada presente abre uma multiplicidade de futuros possíveis[17]. Em cada conjuntura histórica existiam alternativas que *a priori* não eram destinadas a fracassar: a exclusão das mulheres da cidadania durante a Revolução Francesa não era inevitável; a ascensão ao poder de um Stalin ou de um Hitler não era fatal – como a de Arturo Ui, de Brecht; a decisão de lançar a bomba atômica sobre Hiroshima não era nada inevitável. Poderíamos multiplicar os exemplos.

A abertura do passado quer dizer também que os chamados "julgamentos da história" não têm nada de definitivo nem de imutável. O futuro pode reabrir os dossiês históricos "fechados", "reabilitar" vítimas caluniadas, reatualizar esperanças e aspirações vencidas, redescobrir combates esquecidos, ou considerados "utópicos", "anacrônicos" e "na contracorrente do progresso". Dessa maneira, a abertura do passado e a do futuro estão estreitamente associadas.

Os exemplos dessa associação são muitos. Basta pensar na redescoberta, após 1968, do pensamento herético da feminista sainsimoniana Claire Demar, cuja obra bastante subversiva, *Ma loi d'avenir* [Minha lei do futuro] (1834), tinha sido quase totalmente esquecida durante um século e meio. Digo quase, porque esse escrito não escapara do olhar atento de Walter Benjamin, que manifesta, em *Das Passagen-Werk*, uma grande simpatia pelo "materialismo antropológico" de Claire Demar e por suas críticas ao patriarcado, assumindo sua defesa contra os ataques "mesquinhos" dos representantes da "reação burguesa"[18].

A obra do historiador E. P. Thompson sobre a formação da classe operária inglesa é outra manifestação extraordinária da "reabertura do passado". Desde

---

[17] Como observa Eleni Varikas: "O fato de estarmos situados na incerteza do presente, ou seja, em uma posição em que não é possível prever as consequências que terão nossas ações e nossas escolhas para o futuro, permite-nos conceber cada momento histórico como um presente que se abre para vários futuros. Ou seja, abordar o passado como um campo dos possíveis, tentando localizar os fatores que permitiram a alguns desses possíveis se realizar com a exclusão de todos os outros". Cf. E. VARIKAS, *Me diaforetiko prosopo. Filo. Diafora ke Oekumenikotita* [Com uma visão diferente. Gênero, diferença e universalidade] (Atenas, Katarti, 2000), p. 32.

[18] *GS* V, 2, p. 973-5.

o prefácio, ele dá o tom, em uma frase que servirá de bandeira e sinal de reconhecimento para uma nova corrente na história social: "Tento salvar da imensa condescendência da posteridade o pobre tricoteiro no ateliê, o tosador de lã luddista, o tecelão 'obsoleto' que ainda trabalha em um ateliê manual, o artesão 'utópico', e até mesmo o discípulo decepcionado de Joanna Southcott." As aspas irônicas em "utópico" e "obsoleto" são algo programado, que implicitamente coloca em questão as categorias da historiografia dominante, impregnadas de um extremo a outro pela ideologia do progresso linear, benéfico e inevitável[19]. Sem "idealizar" essas figuras do passado de maneira acrítica, a ênfase dada ao significado humano e social de seu combate mostra os limites das visões "progressistas" e "modernizadoras" da história que identificam quem a venceu com o possível, e acabam aderindo, queiram ou não, ao Grande Relato dos vencedores da revolução industrial.

Quer se trate do passado ou do futuro, a abertura da história segundo Walter Benjamin é inseparável de uma opção ética, social e política pelas vítimas da opressão e por aqueles que a combatem. O futuro desse combate incerto e as formas que assumirá serão, sem dúvida, inspirados ou marcados pelas tentativas do passado: serão igualmente novos e totalmente imprevisíveis.

---

[19] "É bem possível que seus ateliês e suas tradições tenham ficado moribundos; que sua hostilidade à industrialização nascente tenha sido alimentada por um ponto de vista passadista; que seus ideais comunitários tenham sido sonhos; que suas conspirações insurrecionais tenham sido temerárias... Mas (...) algumas causas perdidas da revolução industrial podem nos esclarecer sobre as feridas sociais abertas ainda hoje." Cf. E. P. THOMPSON, *La formation de la classe ouvrière anglaise* (Paris, Gallimard, 1980), p. 16. Tradução revista de *The Making of the English Working Class* (Harmonsworth, Penguin, 1981, p. 12) [ed. bras.: *A formação da classe operária inglesa*, São Paulo, Paz e Terra, 1997].

Esta obra foi composta em AGaramond, corpo 11, títulos em Trajan, e reimpressa em papel Avena 80 g/m^2 pela gráfica Forma Certa, para a Boitempo, em abril de 2025, com tiragem de 500 exemplares.